1+X 职业技能鉴定考核指导手册

汽车维修电工

五 级

编审委员会

主　　任　　仇朝东

委　　员　　葛恒双　顾卫东　宋志宏　杨武星　孙兴旺
　　　　　　刘汉成　葛　玮

执行委员　　孙兴旺　张鸿樑　李　晔　瞿伟洁

中国劳动社会保障出版社

图书在版编目(CIP)数据

汽车维修电工:五级/上海市职业培训研究发展中心组织编写. —北京:中国劳动社会保障出版社,2011

1+X 职业技能鉴定考核指导手册

ISBN 978-7-5045-8908-8

Ⅰ.①汽… Ⅱ.①上… Ⅲ.①汽车-电工-职业技能鉴定-自学参考资料 Ⅳ.①U463.6

中国版本图书馆 CIP 数据核字(2011)第 024373 号

中国劳动社会保障出版社出版发行

(北京市惠新东街1号 邮政编码:100029)

出版人:张梦欣

*

北京市艺辉印刷有限公司印刷装订 新华书店经销
787毫米×960毫米 16开本 6.75印张 110千字
2011年3月第1版 2015年9月第4次印刷
定价:13.00 元

读者服务部电话:010-64929211/64921644/84643933
发行部电话:010-64961894
出版社网址:http://www.class.com.cn

版权专有 侵权必究
举报电话:010-64954652

如有印装差错,请与本社联系调换:010-80497374

前　言

　　职业资格证书制度的推行，对广大劳动者系统地学习相关职业的知识和技能，提高就业能力、工作能力和职业转换能力有着重要的作用和意义，也为企业合理用工以及劳动者自主择业提供了依据。

　　随着我国科技进步、产业结构调整以及市场经济的不断发展，特别是加入世界贸易组织以后，各种新兴职业不断涌现，传统职业的知识和技术也愈来愈多地融进当代新知识、新技术、新工艺的内容。为适应新形势的发展，优化劳动力素质，上海市人力资源和社会保障局在提升职业标准、完善技能鉴定方面做了积极的探索和尝试，推出了1＋X培训鉴定模式。1＋X中的1代表国家职业标准，X是为适应上海市经济发展的需要，对职业标准进行的提升，包括了对职业的部分知识和技能要求进行的扩充和更新。上海市1＋X的培训鉴定模式，得到了国家人力资源和社会保障部的肯定。

　　为配合上海市开展的1＋X培训与鉴定考核的需要，使广大职业培训鉴定领域专家以及参加职业培训鉴定的考生对考核内容和具体考核要求有一个全面的了解，人力资源和社会保障部教材办公室、中国就业培训技术指导中心上海分中心、上海市职业培训研究发展中心联合组织有关方面的专家、技术人员共同编写了《1＋X职业技能鉴定考核指导手册》。该手册由"理论知识复习题""操作技能复习题"和"理论知识模拟试卷及操作技能模拟试卷"三大块内容组成，书中介绍了题库的命题依据、试卷结构和题型题量，同时从上海市1＋X鉴定题库中抽取部分理论知识题、操作技能试题和模拟样卷供考生参考和练习，便于考生能够有针对性地进行考前复习准备。今后我们会随着国家职业标准以及鉴定题库的提升，逐步对手册内容进行补充和完善。

本系列手册在编写过程中，得到了有关专家和技术人员的大力支持，在此一并表示感谢。

由于时间仓促，缺乏经验，如有不足之处，恳请各使用单位和个人提出宝贵意见和建议。

1＋X职业技能鉴定考核指导手册

编审委员会

目 录

CONTENTS　1+X 职业技能鉴定考核指导手册

汽车维修电工职业简介 …………………………………………………（ 1 ）

第 1 部分　汽车维修电工（五级）鉴定方案 ………………………（ 2 ）

第 2 部分　鉴定要素细目表 …………………………………………（ 4 ）

第 3 部分　理论知识复习题 …………………………………………（ 17 ）

　　机械基础 …………………………………………………………（ 17 ）

　　电工和电子技术基础 ……………………………………………（ 19 ）

　　汽车构造 …………………………………………………………（ 25 ）

　　电源系 ……………………………………………………………（ 32 ）

　　起动系 ……………………………………………………………（ 37 ）

　　传统点火系 ………………………………………………………（ 40 ）

　　照明与信号装置 …………………………………………………（ 45 ）

　　辅助电气设备 ……………………………………………………（ 51 ）

　　汽车电气线路 ……………………………………………………（ 53 ）

第4部分 操作技能复习题 ……………………………………（57）

  电工测量……………………………………………………………（57）

  电器拆装与设备使用………………………………………………（59）

  识读线路图与线路连接……………………………………………（64）

  故障诊断排除与解体发电机检测…………………………………（72）

第5部分 理论知识考试模拟试卷及答案 ……………………（78）

第6部分 操作技能考核模拟试卷 ……………………………（89）

汽车维修电工职业简介

一、职业名称

汽车维修电工。

二、职业定义

从事汽车电气系统的安装、维护、检测、维修与调试工作的人员。

三、主要工作内容

从事的工作主要包括：(1) 安装并调整工艺装备、准备修理工具；(2) 使用电工相关工量具对汽车的发动机电控系统、底盘电控系统、车身电气、空调系统、起动机、发电机、常规电器及线路等进行电气系统的检查、调整、故障排除、更换与修理等；(3) 维护保养工量具、仪器仪表及设备，排除使用过程中的故障。

第1部分 汽车维修电工（五级）鉴定方案

一、鉴定方式

汽车维修电工（五级）的鉴定方式分为理论知识考试和操作技能考核。理论知识考试采用闭卷计算机机考方式，操作技能考核采用现场实际操作方式。理论知识考试和操作技能考核均实行百分制，成绩皆达60分及以上者为合格。理论知识考试或操作技能考核不及格者可按规定分别补考。

二、理论知识考试方案（考试时间90 min）

题型 \ 题库参数	考试方式	鉴定题量	分值（分/题）	配分（分）
判断题	闭卷机考	60	0.5	30
单项选择题		70	1	70
小计	—	130	—	100

三、操作技能考核方案

考核项目表

职业（工种）名称		汽车维修电工	等级		五级	
职业代码						
序号	项目名称	单元编号	单元内容	考核方式	选考方法	考核时间(min)	配分(分)
1	电工测量	1	指针式万用表的使用	操作	抽一	15	25
		2	数字式万用表的使用	操作			
2	电器拆装与设备使用	1	起动机拆装	操作	抽一	15	25
		2	发电机拆装	操作			
		3	分电器拆装	操作			
		4	设备使用	操作			
3	识读线路图与线路连接	1	识读EQ1091型电源、起动、点火、照明系统线路图	识读	抽一	15	25
		2	EQ1090型电源、起动、点火、照明系统线路连接	操作			
4	故障诊断排除与解体发电机检测	1	EQ/CA1090型电源系统故障诊断与排除	操作	抽一	15	25
		2	EQ/CA1090型起动系统故障诊断与排除	操作			
		3	EQ/CA1092型点火系统故障诊断与排除	操作			
		4	JF系列交流发电机解体后各部件检查及技术状况判断	操作			
合计						60	100
备注							

第2部分

鉴定要素细目表

职业（工种）名称					汽车维修电工	等级	五级
职业代码							
序号	鉴定点代码				鉴定点内容		备注
	章	节	目	点			
	1				机械基础		
	1	1			机械常识		
	1	1	1		概述		
1	1	1	1	1	一些物理量的基本概念、化学的基本概念		
2	1	1	1	2	齿轮传动和带传动		
3	1	1	1	3	凸轮机构和连杆机构		
	1	1	2		汽车维修常用工具和量具		
4	1	1	2	1	常用工具的种类及使用常识		
5	1	1	2	2	常用量具的种类及使用常识		
	1	2			机械制图		
	1	2	1		机械制图的基本常识与基本原理、零件图的识读		
6	1	2	1	1	机械图样、机械制图的基本规定		
7	1	2	1	2	投影法的概念、投影法的种类、物体的三视图		
8	1	2	1	3	简单基本体的三视图、机件的表达方法		
9	1	2	1	4	分析零件、典型零件的视图表达方法		
	2				电工和电子技术基础		

续表

职业（工种）名称				汽车维修电工	等级	五级
职业代码						
序号	鉴定点代码				鉴定点内容	备注
	章	节	目	点		
	2	1			电路基础	
	2	1	1		电路及基本物理量	
10	2	1	1	1	电路	
11	2	1	1	2	基本物理量	
	2	1	2		欧姆定律、电路的连接	
12	2	1	2	1	部分电路的欧姆定律、全电路的欧姆定律	
13	2	1	2	2	电阻的串联电路、电阻的并联电路	
	2	1	3		电功与电功率	
14	2	1	3	1	电功、电功率	
15	2	1	3	2	电流的热效应、额定值和电路的状态	
	2	1	4		基尔霍夫定律、电容和电容器、正弦交流电的基本概念	
16	2	1	4	1	基尔霍夫第一定律、基尔霍夫第二定律	
17	2	1	4	2	电容器和电容量	
18	2	1	4	3	电容器的串联和并联、电容器的充放电	
19	2	1	4	4	正弦交流电概述、交流电的三要素、交流电的有效值	
	2	2			电磁基础	
	2	2	1		磁的基本知识、电流的磁场	
20	2	2	1	1	磁铁、磁场与磁感应线	
21	2	2	1	2	通电直导体的磁场、通电线圈的磁场	
	2	2	2		磁场的基本物理量、磁场对电流的作用	
22	2	2	2	1	磁感应强度、磁通量、磁导率、磁场强度	
23	2	2	2	2	磁场对通电直导体的作用、磁场对通电线圈的作用	
	2	2	3		电磁感应、自感与互感	
24	2	2	3	1	楞次定律、法拉第电磁感应定律	
25	2	2	3	2	自感应、电感器	
26	2	2	3	3	互感、变压器	

汽车维修电工（五级）

续表

职业（工种）名称				汽车维修电工	等级	五级
职业代码						

序号	鉴定点代码				鉴定点内容	备注
	章	节	目	点		
	2	3			电子技术基础	
	2	3	1		半导体知识、晶体二极管、整流电路	
27	2	3	1	1	半导体及其特性、P型半导体和N型半导体、PN结及其特性	
28	2	3	1	2	晶体二极管的概述及伏安特性	
29	2	3	1	3	晶体二极管的主要参数、简易测试	
30	2	3	1	4	单相半波整流电路、单相桥式整流电路	
	2	3	2		晶体三极管	
31	2	3	2	1	晶体三极管概述、晶体三极管的电流分配和放大作用、晶体三极管的特性曲线	
32	2	3	2	2	晶体三极管的主要参数及简易测试	
	2	3	3		其他晶体管	
33	2	3	3	1	稳压二极管、发光二极管	
34	2	3	3	2	晶闸管、达林顿三极管	
	2	3	4		集成电路知识	
35	2	3	4	1	集成电路的分类、集成电路引脚排列的识别	
36	2	3	4	2	集成电路的使用、汽车常用集成电路简介	
	2	4			常用电工仪表和仪器	
	2	4	1		电工仪表的基本知识、电流表	
37	2	4	1	1	电工仪表的分类、准确度等级、符号及意义、数字式仪表的显示位数	
38	2	4	1	2	直流电流的测量、交流电流的测量	
	2	4	2		电压表、万用表	
39	2	4	2	1	直流电压的测量、交流电压的测量	
40	2	4	2	2	模拟式万用表	
41	2	4	2	3	数字式万用表	

续表

职业（工种）名称				汽车维修电工	等级	五级
职业代码						

序号	鉴定点代码				鉴定点内容	备注
	章	节	目	点		
	2	5			常用电工材料	
	2	5	1		导电材料、常用绝缘材料	
42	2	5	1	1	电磁导线、汽车常用电线电缆、其他导电材料	
43	2	5	1	2	绝缘薄膜、复合材料、黏带、绝缘漆、云母制品	
	3				汽车构造	
	3	1			汽车概述	
	3	1	1		汽车发展概况、分类和识别代号、汽车的基本结构和主要技术参数	
44	3	1	1	1	汽车发展概况、分类及识别代号	
45	3	1	1	2	汽车的基本结构介绍、总体布置介绍	
46	3	1	1	3	汽车的基本原理介绍、主要性能指标等	
47	3	1	1	4	发动机各机构间的运动关系	
	3	2			汽车发动机	
	3	2	1		发动机概述	
48	3	2	1	1	发动机的组成	
49	3	2	1	2	基本术语	
50	3	2	1	3	发动机的简单工作原理	
51	3	2	1	4	分类及编号原则	
	3	2	2		曲柄连杆机构	
52	3	2	2	1	缸体曲轴箱	
53	3	2	2	2	曲轴飞轮组、活塞连杆组	
	3	2	3		配气机构	
54	3	2	3	1	气门组	
55	3	2	3	2	配气相位介绍、气门传动组	
	3	2	4		汽油发动机燃料供给系	
56	3	2	4	1	发动机对可燃混合气的要求	

续表

职业（工种）名称					汽车维修电工	等级	五级
职业代码							
序号	鉴定点代码				鉴定点内容		备注
	章	节	目	点			
57	3	2	4	2	化油器式燃料供给系的组成及工作过程		
58	3	2	4	3	化油器式燃料供给系的主要机件介绍		
59	3	2	4	4	柴油发动机燃料供给系		
60	3	2	4	5	燃料供给系的主要机件介绍		
61	3	2	4	6	润滑系的功用与组成		
62	3	2	4	7	润滑方式介绍		
63	3	2	4	8	润滑系主要机件的介绍、曲轴箱通风介绍		
64	3	2	4	9	冷却系的功用及冷却方式		
65	3	2	4	10	冷却系的主要机件介绍		
	3	3			汽车底盘		
	3	3	1		传动系、行驶系		
66	3	3	1	1	传动系的功用与组成		
67	3	3	1	2	离合器介绍		
68	3	3	1	3	变速器与分动器介绍		
69	3	3	1	4	万向传动装置介绍		
70	3	3	1	5	驱动桥介绍		
71	3	3	1	6	行驶系的功用与组成、车架		
72	3	3	1	7	车桥介绍		
73	3	3	1	8	悬架介绍、车轮与轮胎		
	3	3	2		转向系		
74	3	3	2	1	转向系的组成、操纵机构介绍		
75	3	3	2	2	转向器介绍、传动机构介绍、动力转向介绍		
	3	3	3		制动系		
76	3	3	3	1	制动系的组成和工作原理		
77	3	3	3	2	车轮制动器介绍		

续表

职业（工种）名称					汽车维修电工	等级	五级
职业代码							
序号	鉴定点代码				鉴定点内容	备注	
	章	节	目	点			
78	3	3	3	3	液压制动主要机件、气压制动主要机件、驻车制动介绍		
	4				电源系		
	4	1			概述		
	4	1	1		蓄电池、交流发电机和电压调节器		
79	4	1	1	1	蓄电池作用、特点		
80	4	1	1	2	交流发电机、电压调节器		
	4	2			蓄电池		
	4	2	1		蓄电池的构造、蓄电池的型号		
81	4	2	1	1	极板、隔板		
82	4	2	1	2	电解液		
83	4	2	1	3	外壳、链条		
84	4	2	1	4	蓄电池的型号		
	4	2	2		蓄电池的工作原理及工作特性		
85	4	2	2	1	放电与充电过程、化学反应方程式		
86	4	2	2	2	蓄电池电动势和内阻、放电与充电特性		
	4	2	3		蓄电池的容量及其影响因素、蓄电池的常见故障		
87	4	2	3	1	蓄电池的容量及其影响因素		
88	4	2	3	2	极板硫化		
89	4	2	3	3	极板短路、自行放电		
90	4	2	3	4	活性物质大量脱落、极板翘曲		
	4	2	4		蓄电池的充电		
91	4	2	4	1	电解液的配制		
92	4	2	4	2	充电方法		
93	4	2	4	3	充电种类、注意事项		
	4	2	5		蓄电池的正确使用与维护		
94	4	2	5	1	使用注意事项、日常维护		

续表

职业（工种）名称					汽车维修电工	等级	五级
职业代码							
序号	鉴定点代码				鉴定点内容	备注	
	章	节	目	点			
95	4	2	5	2	蓄电池技术状态检查、存储		
	4	3			交流发电机		
	4	3	1		交流发电机的构造、交流发电机的型号		
96	4	3	1	1	三相同步交流发电机、硅整流器		
97	4	3	1	2	交流发电机的型号		
	4	3	2		交流发电机的工作原理、交流发电机的检测		
98	4	3	2	1	发电原理、整流原理、励磁原理		
99	4	3	2	2	不解体检测		
100	4	3	2	3	解体后简单检测		
	4	4			交流发电机调节器		
	4	4	1		触点式电压调节器的构造及基本原理		
101	4	4	1	1	单级式电压调节器		
102	4	4	1	2	双级式电压调节器		
	4	5			电源系的正确使用与维护		
	4	5	1		电源系的正确使用与维护、电源系简单故障分析		
103	4	5	1	1	使用与维护时的注意事项		
104	4	5	1	2	不充电故障、充电电流过大或过小故障		
	5				起动系		
	5	1			概述		
	5	1	1		起动机的组成、分类、型号		
105	5	1	1	1	起动机的组成		
106	5	1	1	2	按啮合方式分类		
107	5	1	1	3	按起动结构分类		
108	5	1	1	4	起动机的型号		
	5	2			起动机用直流串励式电动机		
	5	2	1		构造、工作原理、特点		

续表

职业（工种）名称				汽车维修电工	等级	五级
职业代码						
序号	鉴定点代码				鉴定点内容	备注
	章	节	目	点		
109	5	2	1	1	构造	
110	5	2	1	2	工作原理	
111	5	2	1	3	特点	
	5	3			起动机的传动机构	
	5	3	1		滚柱式单向离合器、摩擦片式单向离合器	
112	5	3	1	1	滚柱式单向离合器构造、工作过程	
113	5	3	1	2	摩擦片式单向离合器构造、工作过程	
	5	3	2		弹簧式单向离合器、棘轮式单向离合器	
114	5	3	2	1	弹簧式单向离合器构造、工作过程	
115	5	3	2	2	棘轮式单向离合器构造、工作过程	
	5	4			起动机的控制装置	
	5	4	1		电磁操纵式起动开关、起动继电器	
116	5	4	1	1	起动开关构造、工作过程	
117	5	4	1	2	起动继电器作用、构造、工作过程	
	5	5	1		电路分析、工作过程	
118	5	5	1	1	控制电路、主电路	
119	5	5	1	2	起动时、起动中、起动后	
	5	6			起动系的使用、维护和故障诊断	
	5	6	1		起动系的使用	
120	5	6	1	1	起动系使用注意事项	
121	5	6	1	2	起动机不转、运转无力	
122	5	6	1	3	起动机空转、运转不停	
	6				传统点火系	
	6	1			概述	
	6	1	1		点火系的作用与类型、对点火系的基本要求	
123	6	1	1	1	点火系的作用与类型	

续表

职业（工种）名称				汽车维修电工	等级	五级
职业代码						
序号	鉴定点代码			鉴定点内容		备注
	章	节	目	点		
124	6	1	1	2	对点火系的基本要求	
125	6	1	1	3	点火系发展概况	
	6	2			传统点火系的组成及工作过程	
	6	2	1		传统点火系的组成、电路	
126	6	2	1	1	传统点火系的组成	
127	6	2	1	2	低压电路、高压电路	
	6	2	2		传统点火系的工作原理、工作过程	
128	6	2	2	1	传统点火系的工作原理	
129	6	2	2	2	传统点火系的工作过程	
	6	3			点火提前角	
	6	3	1		发动机的最佳点火时间	
130	6	3	1	1	转速变化对点火提前角的影响	
131	6	3	1	2	负荷变化、燃油品质及其他因素对点火时间的影响	
	6	4			传统点火系的主要组成部件	
	6	4	1		点火线圈	
132	6	4	1	1	开磁路点火线圈	
133	6	4	1	2	附加电阻、闭磁路点火线圈	
	6	4	2		分电器	
134	6	4	2	1	断电器、配电器	
135	6	4	2	2	电容、点火提前装置、型号	
	6	4	3		火花塞	
136	6	4	3	1	火花塞的要求、结构	
137	6	4	3	2	火花塞的热特性与型号	
	6	5			传统点火系的维护及故障诊断	
	6	5	1		传统点火系的维护、点火正时、传统点火系的简单故障诊断	

续表

职业（工种）名称				汽车维修电工	等级	五级
职业代码						
序号	鉴定点代码			鉴定点内容	备注	
	章	节	目	点		
138	6	5	1	1	传统点火系的维护	
139	6	5	1	2	调整点火正时	
140	6	5	1	3	点火正时的检查	
141	6	5	1	4	发动机不能起动或停转	
142	6	5	1	5	发动机运转不均匀	
	7				照明与信号装置	
	7	1			概述	
	7	1	1		照明灯具的种类及用途、信号灯具的种类及用途	
143	7	1	1	1	照明灯具的种类及用途	
144	7	1	1	2	信号灯具的种类及用途	
	7	2			汽车前照灯	
	7	2	1		对前照灯的照明要求、前照灯的构造、前照灯的类型	
145	7	2	1	1	对前照灯的照明要求	
146	7	2	1	2	反射镜、配光镜	
147	7	2	1	3	灯泡	
148	7	2	1	4	前照灯的类型	
	7	2	2		前照灯的防眩目措施、前照灯的维护安装	
149	7	2	2	1	防眩目措施	
150	7	2	2	2	维护安装	
	7	3			闪烁器	
	7	3	1		翼片式闪烁器、热丝式闪烁器	
151	7	3	1	1	翼片式闪烁器的构造与原理	
152	7	3	1	2	热丝式闪烁器的构造与原理	
	7	3	2		电容式闪烁器、电子闪烁器	
153	7	3	2	1	电容式闪烁器的构造与原理	
154	7	3	2	2	电子闪烁器的构造与原理	

续表

职业（工种）名称				汽车维修电工	等级	五级
职业代码						

序号	鉴定点代码				鉴定点内容	备注
	章	节	目	点		
	7	4			其他照明及信号灯光	
	7	4	1		示宽灯和雾灯、组合式后灯	
155	7	4	1	1	示宽灯和雾灯	
156	7	4	1	2	组合式后灯	
	7	5			汽车电气仪表	
	7	5	1		电流表、机油压力表、水温表、燃油表	
157	7	5	1	1	电流表	
158	7	5	1	2	电热式机油压力表	
159	7	5	1	3	电磁式、弹簧管式机油压力表	
160	7	5	1	4	电热式水温表	
161	7	5	1	5	电磁式水温表	
162	7	5	1	6	燃油表	
	7	5	2		电源稳压器、车速里程表	
163	7	5	2	1	构造与工作原理	
164	7	5	2	2	车速里程表	
	7	5	3		发动机转速表、汽车仪表电路的故障诊断	
165	7	5	3	1	发动机转速表构造与工作原理	
166	7	5	3	2	汽车仪表电路的故障诊断	
	7	6			电喇叭及喇叭继电器	
	7	6	1		电喇叭、喇叭继电器概述	
167	7	6	1	1	电喇叭的构造与工作原理	
168	7	6	1	2	喇叭继电器的构造与工作原理	
	7	6	2		喇叭的调整、喇叭的故障诊断	
169	7	6	2	1	音量与音调的调整	
170	7	6	2	2	喇叭的故障现象	
	8				辅助电气设备	

续表

职业（工种）名称				汽车维修电工	等级	五级
职业代码						
序号	鉴定点代码			鉴定点内容		备注
	章	节	目	点		
	8	1			电动汽油泵	
	8	1	1		晶体管式电动汽油泵	
171	8	1	1	1	构造	
172	8	1	1	2	工作原理、使用注意事项	
	8	1	2		触点式电动汽油泵	
173	8	1	2	1	构造	
174	8	1	2	2	工作原理、使用注意事项	
	8	2			电动刮水器	
	8	2	1		电动刮水器的组成及种类	
175	8	2	1	1	电动刮水器的组成	
176	8	2	1	2	电动刮水器的种类	
	8	2	2		永磁式电动刮水器、变速原理	
177	8	2	2	1	构造、工作原理	
178	8	2	2	2	变速原理	
	8	3			保险装置	
	8	3	1		重复性保险装置	
179	8	3	1	1	结构	
180	8	3	1	2	工作原理	
	8	3	2		一次性保险装置、电源总开关	
181	8	3	2	1	熔断器	
182	8	3	2	2	电源总开关	
	9				汽车电气线路	
	9	1			汽车电气识图的基本知识	
	9	1	1		汽车电路概述	
183	9	1	1	1	汽车电路的基本概念	
184	9	1	1	2	汽车电路的组成	

汽车维修电工（五级）

职业（工种）名称					汽车维修电工	等级	五级
职业代码							
序号	鉴定点代码				鉴定点内容		备注
	章	节	目	点			
185	9	1	1	3	汽车电路的特点		
186	9	1	1	4	电路图的基本知识		
187	9	1	1	5	电路图常用的图形符号		
188	9	1	1	6	线路图		
189	9	1	1	7	线束图		
190	9	1	1	8	定位图		
	9	2			汽车电气识图的基本方法		
	9	2	1		识读汽车电路图的方法		
191	9	2	1	1	认真阅读、掌握原则		
192	9	2	1	2	了解一般规律、读图的一般方法		
	9	2	2		读图示例		
193	9	2	2	1	电源系统电路		
194	9	2	2	2	起动系统电路		
195	9	2	2	3	点火系统电路		
196	9	2	2	4	照明系统电路		
	9	3			汽车电气设备总线路实例		
	9	3	1		解放CA1091型汽车电气总线路		
197	9	3	1	1	电源电路、起动电路、点火电路		
198	9	3	1	2	照明、仪表电路		
	9	3	2		东风EQ1091型汽车电气总线路		
199	9	3	2	1	电源电路、起动电路、点火电路		
200	9	3	2	2	照明、仪表电路		

第3部分 理论知识复习题

机械基础

一、判断题（将判断结果填入括号中。正确的填"√"，错误的填"×"）

1. 物理学中把垂直作用在物体表面上的力叫做压强。（　）
2. 金属材料在外力作用下抵抗变形和断裂的能力叫做强度。（　）
3. 直齿内啮合圆柱齿轮机构传动平稳，适用于高速传动，但有轴向力。（　）
4. 连杆机构可分为空间连杆机构和平面连杆机构。（　）
5. 由若干刚性构件用低副连接而成的机构称为凸轮机构。（　）
6. 火花塞套筒是专门用来拆装火花塞的工具。（　）
7. 测量电枢轴径向跳动量，应采用游标卡尺测量。（　）
8. 测量轴类零件的直径可以采用游标卡尺测量。（　）
9. 图样上标明的尺寸同图样的比例大小有关。（　）
10. 在三视图中三个视图反映的都是同一个物体。（　）
11. 在三视图中反映物体长和宽的视图是主视图。（　）
12. 用一个剖切平面把机件完全剖开后所得的剖视图，称为全剖视图。（　）
13. 零件的制造是按实物进行加工的。（　）
14. 在标题栏中应写明零件名称、图号、材料、数量、比例等各项内容。（　）

二、单项选择题（选择一个正确的答案，将相应的字母填入题内的括号中）

1. 物理学中把垂直作用在物体表面上的力叫做（　　）。
   A. 压力　　　　B. 压强　　　　C. 刚度　　　　D. 密度

2. 在国际单位制中，功的单位是（　　）。
   A. 牛顿　　　　B. 焦耳　　　　C. 帕斯卡　　　D. 瓦特

3. （　　）是通过一对对齿面的依次啮合来传递两轴之间的运动和动力的。
   A. 齿轮机构　　B. 带传动　　　C. 凸轮机构　　D. 连杆机构

4. 凸轮机构的缺点是（　　）。
   A. 有弹性滑动　　　　　　　　B. 惯性力不易平衡
   C. 不适用于高温场合　　　　　D. 凸轮轮廓加工比较困难

5. （　　）是一个具有曲线轮廓或凹槽的构件。
   A. 连杆　　　　B. 凸轮　　　　C. 带　　　　　D. 齿轮

6. 开口扳手的开口方向与中间柄部的角度通常有（　　）三种。
   A. 15°、30°、90°　　　　　　B. 15°、45°、90°
   C. 15°、60°、90°　　　　　　D. 30°、45°、90°

7. 千分尺的最小测量精度为（　　）mm。
   A. 0.001　　　B. 0.01　　　　C. 0.1　　　　　D. 1

8. 千分尺是利用螺旋原理制作的，其螺距为（　　）mm。
   A. 0.01　　　　B. 0.05　　　　C. 0.10　　　　D. 0.50

9. 图纸幅面代号 A3 的 $B×L$ 尺寸是（　　）mm。
   A. 297×420　　B. 780×1 100　C. 690×1 000　D. 780×1 200

10. 三视图反映了物体的形状，它们之间的关系是（　　）。
    A. 主俯长对正，主左高平齐，俯左宽相等
    B. 主俯长平齐，主左长对正，俯左宽相等
    C. 主俯宽相等，主左高平齐，俯左长对正
    D. 主俯长对正，主左宽相等，俯左高平齐

11. 在三视图中反映物体长和宽的是（　　）。

A. 主视图　　　　B. 俯视图　　　　C. 左视图　　　　D. 立体图
12. 表达机件内形的方法叫（　　　）。
A. 基本视图　　　B. 局部视图　　　C. 剖视图　　　　D. 立体图
13. 零件图上某一标注为 $\phi 30H7$，其中 H 表示（　　　）。
A. 基孔制　　　　B. 基轴制　　　　C. 偏差　　　　　D. 公差
14. 识读零件图的顺序是先看（　　　）。
A. 标题栏　　　　B. 主视图　　　　C. 技术要求　　　D. 零件尺寸

电工和电子技术基础

一、判断题（将判断结果填入括号中。正确的填"√"，错误的填"×"）

1. 发电机把机械能转化为热能。（　　）
2. 电路中的电位差是由电流作用产生的。（　　）
3. 习惯上规定电子运动的方向为电流的正方向。（　　）
4. 通过一段导体的电流跟这段导体两端的电压成正比，跟这段导体的电阻成反比，这就是欧姆定律。（　　）
5. 在一串联电路中，三个电阻分别为 $R_1=10\ \Omega$，$R_2=20$，$R_3=30\ \Omega$，则其总电阻为 $60\ \Omega$。（　　）
6. 在并联电路中，三个电阻分别为 $R_1=R_2=R_3=10\ \Omega$，则其总电阻为 $10\ \Omega$。（　　）
7. 电流在单位时间内所做的功叫做电功率。（　　）
8. 短路就是电源两端或电路中某处断开。（　　）
9. 电流做功的过程，就是将电能转化为其他形式能量的过程。（　　）
10. 基尔霍夫第二定律又称节点电流定律。（　　）
11. 电容器是由绝缘物质隔开的两个导体组成的。（　　）
12. 电容器的耐压值也叫额定工作电压。（　　）
13. 当几个电容器串联时，总电容量等于每个电容器的电容量之和。（　　）
14. 通常所说的 220 V 或 380 V 交流电压是指最大值。（　　）

15. 用来确定正弦交流电在计时起点瞬时值的物理量是初相。　　　（　）
16. 磁铁同极性磁极互相吸引。　　　　　　　　　　　　　　　（　）
17. 用来表征媒介质磁化性质的物理量是磁通量。　　　　　　　（　）
18. 线圈中只要有磁场存在，就会产生电磁感应现象。　　　　　（　）
19. 通电导体周围的空间有磁场。　　　　　　　　　　　　　　（　）
20. 电路中有感应电流，必有感应电动势产生。　　　　　　　　（　）
21. 产生感应电流的条件是闭合回路中的磁通量不发生变化。　　（　）
22. 磁铁在线圈中来回抽动一定有感应电动势，这种说法是错的。（　）
23. 自感电动势的方向可用楞次定律判断。　　　　　　　　　　（　）
24. 由于互感现象而产生的电动势称为自感电动势。　　　　　　（　）
25. 在其他条件相同的情况下，线圈的匝数越多，电感越小。　　（　）
26. P型或N型半导体正负电荷的总量是相等的。　　　　　　　（　）
27. PN结具有单向导电性。　　　　　　　　　　　　　　　　　（　）
28. 面接触二极管多用于整流。　　　　　　　　　　　　　　　（　）
29. 如用万用表测得二极管正、反向电阻值相差越大，说明二极管单向导电性能越好。　　　　　　　　　　　　　　　　　　　　　　　　（　）
30. 如用万用表测得二极管正、反向电阻值相差越大，说明二极管单向导电性能越差。　　　　　　　　　　　　　　　　　　　　　　　　（　）
31. 单相桥式全波整流电路在正半周时有4个二极管导通。　　　（　）
32. 构成晶体三极管的PN结有4个。　　　　　　　　　　　　　（　）
33. 三极管分为PPN和NNP两种。　　　　　　　　　　　　　　（　）
34. 晶体三极管的放大能力可用电流表来判断。　　　　　　　　（　）
35. 在电路中稳压管的两端应加反向电压。　　　　　　　　　　（　）
36. 对于某一型号的稳压管，它们的稳定电压值并不相同。　　　（　）
37. 在汽车设备中有调速作用的是二极管。　　　　　　　　　　（　）
38. 集成电路是在一块极小的硅单晶片上，利用半导体工艺制作出许多晶体管、电容器等电子元件。　　　　　　　　　　　　　　　　　　　　　　　（　）

39. 集成电路按封装材料可分为圆筒形、扁平形及直插形等。（　　）
40. 电子点火集成电路是一种常用的汽车集成电路。（　　）
41. 电工仪表表盘上的各种符号表示了仪表的基本技术特征。（　　）
42. 指针式的仪表具有很高的灵敏度和准确度。（　　）
43. 测量电流时，电流表必须并联在被测量的电路中。（　　）
44. 测量电压时，电压表必须串联在被测量的电路中。（　　）
45. 测量直流电压时，电压表是不分极性的。（　　）
46. 模拟式万用表主要性能指标基本上取决于表盘的性能。（　　）
47. 模拟式万用表主要性能指标远优于数字式万用表。（　　）
48. 数字式万用表的基本结构分为面板、外壳、表头和转换开关。（　　）
49. 电磁导线是以铝为导体、漆或纤维为绝缘层的一种导线。（　　）
50. 电工绝缘材料主要是用来隔离带电的导体。（　　）
51. 固体绝缘材料的主要特性是它的绝缘性能和导电性能。（　　）

二、单项选择题（选择一个正确的答案，将相应的字母填入题内的括号中）

1. （　　）是供给电能的装置。
   A. 开关　　　　B. 导线　　　　C. 负载　　　　D. 电源
2. 同一材料的导体电阻与（　　）成正比。
   A. 截面积　　　B. 弯曲度　　　C. 密度　　　　D. 长度
3. 在相同情况下，下列各种材料中电阻率最小的是（　　）。
   A. 银　　　　　B. 铜　　　　　C. 铅　　　　　D. 铁
4. 有两个电阻并联，已知其阻值之比为 $R_1:R_2=1:2$，则流经两个电阻的电流之比 $I_1:I_2=$（　　）。
   A. 1:1　　　　B. 1:2　　　　C. 2:1　　　　D. 2:3
5. 在一串联电路中，电阻 R_1 两端的电压降为 10 V，电阻 R_2 两端的电压降为 20 V，电阻 R_3 两端的电压降为 20 V，则串联电路的端电压为（　　）V。
   A. 30　　　　　B. 40　　　　　C. 50　　　　　D. 60
6. 在一串联电路中，电阻 $R_1=10\ \Omega$，$R_2=20\ \Omega$，$R_3=30\ \Omega$，串联电路的端电压为 6 V，

则流过 R_1、R_2、R_3 的电流为（　　）。

  A. $I_1=6$ A、$I_2=3$ A、$I_3=2$ A   B. $I_1=0.2$ A、$I_2=0.3$ A、$I_3=1.6$ A

  C. $I_1=I_2=I_3=0.1$ A   D. $I_1=0.1$ A、$I_2=0.2$ A、$I_3=0.3$ A

7. 电场力把1C的正电荷从某一点移到另一点，该两点间电压为1V，则做的功为（　　）。

  A. 1 W   B. 1 J   C. 1 N   D. 1 kW

8. 有一电器，标称功率为200 W，每天使用1 h，一个月按30天计算，则消耗（　　）度电。

  A. 0.6   B. 3   C. 6   D. 60

9. 在电路中最简单的回路又称为（　　）。

  A. 网孔   B. 支路   C. 回路   D. 网络

10. （　　）就是电源未经负载而直接由导体接通构成闭合回路。

  A. 通路   B. 断路   C. 短路   D. 过载

11. 反映电容器存储电荷能力的物理量称作电容量，用字母（　　）表示。

  A. C   B. J   C. W   D. V

12. 电容量单位1 F等于（　　）μF。

  A. 10   B. 100   C. 1 000   D. 10 000

13. 电容器处于放电状态，最后放电结束，电容器的两端电压降为（　　）。

  A. 负电压   B. 零   C. 1 V   D. 10 V

14. 用来表示正弦交流电变化快慢的物理量是（　　）。

  A. 最大值   B. 周期   C. 瞬时值   D. 初相

15. 用来表示正弦交流电变化范围的物理量是（　　）。

  A. 最大值   B. 周期   C. 瞬时值   D. 初相

16. 下列物质中具有磁性的物质是（　　）。

  A. 铜   B. 铅   C. 镍   D. 硅

17. 汽车发电机和起动机的磁铁都是（　　）。

  A. 电磁铁   B. 天然磁铁   C. 永久磁铁   D. 非永久磁铁

18. 决定电磁场强弱的物理量是（　　）。
    A. 电压　　　　　B. 电阻　　　　　C. 电流　　　　　D. 电容
19. 用来定量描述磁场中各点的强弱和方向的物理量叫做（　　）。
    A. 磁场强度　　　B. 磁感应强度　　C. 磁通量　　　　D. 磁导率
20. 通电导体在磁场中的运动方向是由（　　）判定的。
    A. 右手螺旋定则　　　　　　　　　B. 右手定则
    C. 左手定则　　　　　　　　　　　D. 楞次定律
21. 电磁铁的吸引力与线圈的匝数和通过线圈的电流成（　　）。
    A. 正比
    B. 反比
    C. 与线圈的匝数成正比而与电流成反比
    D. 与线圈的匝数成反比而与电流成正比
22. 与电磁感应电动势大小有关的物理量是（　　）。
    A. 在磁场中导线的长度　　　　　　B. 在磁场中导线的截面积
    C. 导线总长　　　　　　　　　　　D. 电阻
23. 自感电动势的大小与电流的变化率成（　　）。
    A. 正比　　　　　B. 反比　　　　　C. 不变　　　　　D. 零
24. 若两个靠得很近的线圈，其中一个线圈电流发生变化，引起另一个线圈中产生（　　）。
    A. 磁场强度　　　B. 磁感应线　　　C. 电感量　　　　D. 感应电动势
25. 变压器利用电磁感应原理将（　　）升高或降低。
    A. 频率　　　　　B. 电压　　　　　C. 电流　　　　　D. 电阻
26. N型半导体是在纯净半导体中掺了少量（　　）等杂质形成的。
    A. 砷　　　　　　B. 硅　　　　　　C. 硼　　　　　　D. 铅
27. P型半导体是在纯净半导体中掺了少量（　　）等杂质形成的。
    A. 砷　　　　　　B. 磷　　　　　　C. 硼　　　　　　D. 锑
28. 硅材料制作的二极管死区电压在（　　）V左右。

A. 0.3　　　　B. 0.4　　　　C. 0.7　　　　D. 0.9

29. 如用万用表测得二极管正、反向电阻值都很小或为零，说明二极管内部（　　）。
    A. 正常　　　B. 断路　　　C. 短路　　　D. 接地

30. 如用万用表测得二极管正、反向电阻值都无穷大，说明二极管内部（　　）。
    A. 正常　　　B. 断路　　　C. 短路　　　D. 接地

31. 单相半波整流电路负载电压的平均值为（　　）。
    A. $0.45U_2$　　　B. $1.41U_2$　　　C. $3U_2$　　　D. $33U_2$

32. 晶体三极管三个极的电流分别用 I_b、I_c、I_e 表示，其中电流关系正确的是（　　）。
    A. $I_b=I_e+I_c$　　B. $I_c=I_e+I_b$　　C. $I_e=I_b+I_c$　　D. $I_e=-I_b-I_c$

33. 晶体三极管电流放大系数 $β=$（　　）。
    A. I_b/I_c　　B. I_e/I_b　　C. I_c/I_b　　D. I_b/I_e

34. 构成晶体三极管的 PN 结有（　　）个。
    A. 1　　　　B. 2　　　　C. 4　　　　D. 6

35. 要使稳压管能起稳压作用，就必须使其工作在（　　）。
    A. I_{wmin}　　B. I_{wmax}　　C. $I_{wmin} \sim I_{wmax}$　　D. $I_{wmin} - I_{wmax}$

36. 稳压管是利用 PN 结的（　　）特性来实现稳压的。
    A. 反向电流　　　　　　　　B. 反向击穿电压
    C. 最大整流电流　　　　　　D. 工作频率

37. 在汽车设备中有调速作用的是（　　）。
    A. 晶闸管　　　B. 发光二极管　　　C. 稳压管　　　D. 二极管

38. 集成电路是在一块极小的（　　）单晶片上，利用半导体工艺制作出许多晶体管、电容器等电子元件。
    A. 铁　　　　B. 铜　　　　C. 硅　　　　D. 铝

39. 一般而言，元件数在 100～1 000 个的叫做（　　）集成电路。
    A. 小规模　　　B. 中规模　　　C. 大规模　　　D. 超大规模

40. L486 是汽车专用闪光器，它的闪烁频率为（　　）次/min。
    A. 85　　　　B. 120　　　　C. 150　　　　D. 170

41. 电工仪表按准确度等级不同,可分为(　　)个等级。
    A. 1　　　　　　B. 3　　　　　　C. 5　　　　　　D. 7

42. 在电工仪表中选择量程时,通常应使读数占满刻度的(　　)以上为宜。
    A. 1/5　　　　　B. 2/3　　　　　C. 1/2　　　　　D. 1/8

43. 电流表一般分为(　　)种。
    A. 1　　　　　　B. 2　　　　　　C. 4　　　　　　D. 6

44. 电压表一般分为(　　)种。
    A. 1　　　　　　B. 2　　　　　　C. 4　　　　　　D. 6

45. 测量电压时,电压表必须(　　)在被测量的电路中。
    A. 混联　　　　　B. 并联　　　　　C. 串联　　　　　D. 无要求

46. 模拟式万用表的主要性能指标基本上取决于(　　)的性能。
    A. 面板　　　　　B. 表头　　　　　C. 表盘　　　　　D. 转换开关

47. 数字式万用表测量速度快,为(　　)次/s。
    A. 2.5～3　　　　B. 1～1.5　　　　C. 4～4.5　　　　D. 6～6.5

48. 数字式万用表省电,整机耗电一般为(　　)mW(LCD)显示。
    A. 1～5　　　　　B. 10～30　　　　C. 50～80　　　　D. 150～200

49. 汽车常用电线、电缆的线芯常采用(　　)。
    A. 铜　　　　　　B. 铁　　　　　　C. 塑料　　　　　D. 橡胶

50. 电工绝缘材料的主要特性是它的(　　)性能和耐热性能。
    A. 导电　　　　　B. 绝缘　　　　　C. 充电　　　　　D. 分离

51. 固体绝缘材料按(　　)程度不同分为7个等级。
    A. 耐热　　　　　B. 导电　　　　　C. 耐寒　　　　　D. 机械

汽车构造

一、判断题(将判断结果填入括号中。正确的填"√",错误的填"×")

1. 商用车是在设计和技术特征上用于运送人员和货物的汽车。　　　　　　　　　　　(　　)

2. 柴油发动机由曲柄连杆机构、配气机构、燃料供给系、润滑系、冷却系、点火系和起动系组成。（   ）
3. 底盘用来安置驾驶员、乘客或货物。（   ）
4. 汽油发动机的压缩比比柴油发动机的压缩比略大。（   ）
5. 单缸发动机活塞安装在圆柱形的汽缸内。（   ）
6. 单缸发动机活塞安装在圆柱形的曲轴上。（   ）
7. 发动机点火系能保证发动机的正常工作温度。（   ）
8. 汽缸的工作容积也称为发动机排量。（   ）
9. 上止点即活塞在行程的最上部位置，通常即活塞的最低位置。（   ）
10. 汽油机又称为压燃式发动机。（   ）
11. 发动机按冷却方式分为水冷和风冷。（   ）
12. 发动机按燃料种类分为四冲程和二冲程。（   ）
13. 发动机活塞在上下运动中主要产生的是往复惯性力。（   ）
14. 曲轴是由铸铁铸成的一个具有较大质量的圆盘。（   ）
15. 汽油发动机活塞的顶部通常采用凹顶。（   ）
16. 配气机构按照发动机各缸工作循环和工作次序的要求，来完成换气过程。（   ）
17. 配气机构中的气门组包括气门、气门弹簧、弹簧座及挺杆。（   ）
18. 气门从开始打开到完全关闭所经历的凸轮轴转角叫配气相位。（   ）
19. 理论上可燃混合气完全燃烧其空燃比为10∶1。（   ）
20. 化油器式燃料供给系的汽油供给装置包括空气滤清器。（   ）
21. 化油器式燃料供给系的混合气配置装置包括化油器。（   ）
22. 现代化油器的怠速装置在发动机冷起动时供给很浓的混合气。（   ）
23. 柴油发动机燃料供给系有油箱、滤清器、输油泵和化油器等。（   ）
24. 柴油发动机燃料供给系有油箱、滤清器、输油泵和喷油器等。（   ）
25. 输油泵将喷油泵提供的高压柴油呈雾状喷入汽缸。（   ）
26. 润滑系的功用之一为清洁。（   ）
27. 每台发动机都装有机油滤清器。（   ）

28. 发动机多采用以压力润滑为主、飞溅润滑为辅的润滑方式。（　）
29. 发动机润滑系所使用的机油泵多数为离心泵。（　）
30. 曲轴箱通风的基本原理是利用化油器或进气管的真空吸力，将曲轴箱内的气体吸入汽缸。（　）
31. 发动机长时间的低温工作，将使发动机磨损加剧。（　）
32. 节温器的作用是强制冷却水循环流动。（　）
33. 为防止发动机过热，其工作温度应尽量低些。（　）
34. 传动系的基本功用是将发动机发出的功率传递给驱动轮。（　）
35. 汽车离合器操纵机构一般有单片式和多片式两种。（　）
36. 汽车离合器操纵机构一般有机械式和液压式两种。（　）
37. 四挡变速器包括三个前进挡和一个倒挡。（　）
38. 万向传动装置必须安装在变速器和驱动桥之间。（　）
39. 汽车上使用的万向节有不等角速度万向节和等角速度万向节两种形式。（　）
40. 汽车牵引力的大小取决于发动机的动力。（　）
41. 汽车陷入泥塘而不能正常行驶，是因为牵引力不足所致。（　）
42. 汽车行驶系的功用之一是支撑汽车的总质量。（　）
43. 非独立悬架式驱动桥是刚性桥壳，大多用于载货汽车。（　）
44. 子午线轮胎一般都是低压胎。（　）
45. 车轮在地面上滑动时，一般不加重轮胎的磨损。（　）
46. 汽车前轮左右轮胎气压不一样会造成行驶跑偏。（　）
47. 汽车转向系的主要功用是支撑车身。（　）
48. 汽车的动力转向系就是在机械转向系基础上加设一套转向动力装置而构成的。（　）
49. 汽车转向系的主要功用是按照需要使汽车减速或停车。（　）
50. 现在车轮制动器一般分为鼓式和摩擦式。（　）
51. 现在轿车上使用的制动器多数是鼓式的。（　）
52. 气压式制动系统多用于轻型、小型汽车上。（　）

二、单项选择题（选择一个正确的答案，将相应的字母填入题内的括号中）

1. 车辆识别代号 VIN 码，第一位 L 代表（　　）。
   A. 亚洲　　　　B. 欧洲　　　　C. 非洲　　　　D. 南美洲

2. 汽油发动机是由（　　）、配气机构、燃料供给系、润滑系、冷却系、点火系和起动系组成的。
   A. 曲柄连杆机构　　　　　　　　B. 双摇杆机构
   C. 双曲柄机构　　　　　　　　　D. 导杆机构

3. 汽车一般由发动机、底盘、车身和（　　）组成。
   A. 发电机　　　B. 电气设备　　C. 空调　　　　D. 座椅

4. 汽油发动机点燃混合气是用（　　）。
   A. 电极　　　　B. 电脉冲　　　C. 电火花　　　D. 电子喷射

5. 单缸发动机的连杆一端用销与（　　）连接。
   A. 汽缸盖　　　B. 活塞　　　　C. 曲轴　　　　D. 气门

6. 单缸发动机曲轴每转一圈，活塞上、下各运行（　　）次。
   A. 1　　　　　B. 2　　　　　C. 3　　　　　D. 4

7. 发动机可分为两大机构（　　）大系统。
   A. 2　　　　　B. 5　　　　　C. 7　　　　　D. 9

8. 下止点即活塞在行程的最下部位置，通常即活塞的最（　　）位置。
   A. 高　　　　　B. 低　　　　　C. 中间　　　　D. 任意

9. 车用汽油机的压缩比一般为（　　）。
   A. 1～4　　　　B. 5～8　　　　C. 7～10　　　D. 16～22

10. 目前车辆大多采用（　　）发动机。
    A. 2　　　　　B. 4　　　　　C. 6　　　　　D. 8

11. 发动机按冷却方式分为水冷和（　　）。
    A. 机油　　　　B. 齿轮油　　　C. 风冷　　　　D. 汽油

12. 492Q 发动机，92 代表（　　）。
    A. 缸数　　　　B. 冲程　　　　C. 缸径　　　　D. 制造厂

13. 四行程发动机在一个工作循环内，曲轴转（　　）周。
    A. 1　　　　　　B. 2　　　　　　C. 3　　　　　　D. 4
14. 四行程发动机的做功顺序是（　　）。
    A. 1—2—3—4　　B. 1—3—2—4　　C. 1—4—3—2　　D. 1—3—4—2
15. 汽油发动机活塞的顶部通常采用（　　）。
    A. 凹顶　　　　　B. 平顶　　　　　C. 凸顶　　　　　D. 半球顶
16. （　　）的作用是使气门自动回位。
    A. 气门　　　　　B. 气门座　　　　C. 气门导管　　　D. 气门弹簧
17. （　　）由凸轮、驱动齿轮、偏心轮、轴颈组成。
    A. 气门　　　　　B. 气门座　　　　C. 气门导管　　　D. 凸轮轴
18. （　　）的作用是将气门挺杆的推力传给摇臂。
    A. 气门推杆　　　B. 摇臂轴　　　　C. 凸轮轴　　　　D. 正时齿轮
19. 起动发动机时所需可燃混合气是（　　）。
    A. 标准的　　　　B. 稀的　　　　　C. 极浓的　　　　D. 较浓的
20. 带动汽油油泵工作的是凸轮轴上的（　　）。
    A. 驱动齿轮　　　B. 凸轮　　　　　C. 偏心轮　　　　D. 正时齿轮
21. 化油器式燃料供给系的空气供给装置为（　　）。
    A. 汽油泵　　　　B. 空气滤清器　　C. 化油器　　　　D. 消音器
22. （　　）的功用是将汽油从油箱抽出。
    A. 汽油滤清器　　B. 汽油泵　　　　C. 汽油箱　　　　D. 化油器
23. 柴油发动机燃料供给系的低压油路一般为（　　）kPa。
    A. 50～100　　　　B. 150～300　　　C. 350～400　　　D. 750～800
24. 柴油发动机燃料供给系的高压油路一般为（　　）MPa。
    A. 1　　　　　　B. 2　　　　　　C. 4　　　　　　D. 10
25. 柴油机高压油泵中的调速器用来限制（　　）和稳定怠速，自动进行供油量调节。
    A. 低速　　　　　B. 高速　　　　　C. 最高转速　　　D. 油压过高
26. 润滑系的功用有润滑、冷却、密封和（　　）防锈。

A. 做功　　　　B. 清洁　　　　C. 排气　　　　D. 进气

27. 只是在某些发动机上装的是（　　）。
    A. 油底壳　　　B. 机油泵　　　C. 机油滤清器　　D. 机油散热器

28. 车用柴油发动机润滑系大都采用（　　）。
    A. 独立润滑　　B. 压力润滑　　C. 飞溅润滑　　D. 综合润滑

29. 汽车上常用的机油泵型式是（　　）。
    A. 齿轮式　　　B. 转子式　　　C. 离心式　　　D. 惯性式

30. 控制发动机主油道最高油压的部件是（　　）。
    A. 进油阀　　　B. 旁通阀　　　C. 球阀　　　　D. 限压阀

31. 发动机正常工作时冷却水的温度为（　　）℃。
    A. 30～40　　　B. 50～60　　　C. 80～90　　　D. 100～120

32. （　　）的作用是强制冷却水循环流动。
    A. 散热器　　　B. 水泵　　　　C. 风扇　　　　D. 水管

33. （　　）是用水温自动控制的通道开关。
    A. 散热器　　　B. 水泵　　　　C. 风扇　　　　D. 节温器

34. 某汽车的四个车轮全部为驱动轮，其驱动型式为（　　）。
    A. 4×4　　　　B. 4×2　　　　C. 4—4　　　　D. 4—2

35. （　　）是汽车发动机离合器的主动件。
    A. 变速器　　　B. 飞轮　　　　C. 分动器　　　D. 差速器

36. 汽车离合器操纵机构一般有（　　）和液压式两种。
    A. 电动　　　　B. 机械　　　　C. 单片　　　　D. 多片

37. 变速器直接挡的传动比一般为（　　）。
    A. 大于1　　　B. 小于1　　　C. 等于1　　　D. 随转速而定

38. 汽车上使用的万向节有不等角速度万向节和（　　）万向节两种形式。
    A. 等速度　　　B. 等角速度　　C. 等加速度　　D. 不等加速度

39. 普通十字轴万向节的润滑属于（　　）。
    A. 压力润滑　　B. 飞溅润滑　　C. 综合润滑　　D. 润滑脂润滑

40. 一般载货汽车多用（　　）作驱动桥。
    A. 后桥　　　　B. 从动桥　　　　C. 支撑桥　　　　D. 转向桥
41. 连接驱动轮与差速器的传动零件，并将差速器的扭矩和转速传递给驱动轮的是（　　）。
    A. 驱动桥　　　B. 差速器壳　　　C. 半轴　　　　　D. 传动轴
42. 轿车和客车为了减轻自身质量，往往采用（　　）。
    A. 边梁式车身　B. 中梁式车身　　C. 综合式车身　　D. 车身兼代车架
43. 一般汽车的前桥也叫做（　　）。
    A. 转向桥　　　B. 从动桥　　　　C. 支撑桥　　　　D. 后向桥
44. 以下（　　）部件不是悬架系统的。
    A. 弹性元件　　B. 从动桥　　　　C. 支撑减震器　　D. 钢板弹簧
45. 汽车轮胎一般为（　　）制品。
    A. 橡胶　　　　B. 塑料　　　　　C. 钢铁　　　　　D. 胶木
46. 某一边的制动器拖滞会造成（　　）。
    A. 转向沉重　　B. 转向不稳　　　C. 行驶跑偏　　　D. 单边转向不足
47. （　　）的作用是将转向器输出的力和运动传给转向轮。
    A. 转向操纵机构　　　　　　　　B. 转向器
    C. 转向传动机构　　　　　　　　D. 转向桥
48. （　　）的作用是可将转向盘输出的力经传动副减速增扭，使转向轻便。
    A. 转向操纵机构　　　　　　　　B. 转向器
    C. 转向传动机构　　　　　　　　D. 转向桥
49. 手制动装置的中央制动器安装在（　　）后面或车轮上。
    A. 变速器　　　B. 离合器　　　　C. 差速器　　　　D. 主减速器
50. 鼓式制动器分为（　　）驱动轮缸张开式和气压驱动凸轮张开式两大类。
    A. 液压　　　　B. 电力　　　　　C. 机械　　　　　D. 电子
51. 国产载重汽车的车轮制动器普遍采用（　　）。
    A. 鼓式制动器　　　　　　　　　B. 盘式制动器

C. 内摩擦式制动器　　　　　　　D. 外摩擦式制动器

52. 在简单非平衡式制动器的结构中,作为旋转元件的是(　　)。

A. 制动鼓　　B. 制动底板　　C. 制动摩擦片　　D. 回位弹簧

电源系

一、判断题（将判断结果填入括号中。正确的填"√",错误的填"×"）

1. 蓄电池主要由极板、夹板、壳体、电解液、极柱组成。（　）
2. 蓄电池中每个单体电池的标准电压为1.7 V。（　）
3. 汽车发电机是由水泵带动的。（　）
4. 蓄电池的隔板具有多孔性并且化学性能稳定。（　）
5. 蓄电池安装时应将隔板带沟槽一面面向负极板。（　）
6. 在寒冷天气下工作的蓄电池电解液相对密度应稍低一些。（　）
7. 国产起动型蓄电池正极板的颜色为棕红色。（　）
8. 电解液在电化学反应中起离子间的导电作用,并参与蓄电池的化学反应。（　）
9. 6-QA-54型蓄电池,表示由6只单格电池组成、额定电压为12 V、额定容量为54 A·h的起动型干荷蓄电池。（　）
10. 蓄电池在放电时电解液密度增加。（　）
11. 蓄电池中发生的电化学反应是可逆的。（　）
12. 铅蓄电池内产生大量气泡表示放电终了。（　）
13. 汽车上规定每次使用起动机(蓄电池大电流放电)的时间不应超过50 s。（　）
14. 放电电流越大,蓄电池的容量越小。（　）
15. 极板硫化主要原因之一是长期充电不足。（　）
16. 蓄电池负极板的数量比正极板的数量多一片。（　）
17. 蓄电池的正极板处于两片负极板之间,使其两侧放电均匀。（　）
18. 蓄电池活性物质脱落多发生于负极板。（　）
19. 初配好的电解液,温度可高达120℃。（　）

20. 铅蓄电池的充电作业可分为初充电、补充充电、去硫化充电、均衡充电等。（　　）
21. 对新蓄电池或使用后的蓄电池进行第一次充电称为初充电。（　　）
22. 铅蓄电池初充电的特点是充电电流较大，充电时间较短。（　　）
23. 铅蓄电池补充充电的特点是充电电流较大，充电时间较短。（　　）
24. 冬季补充蒸馏水，应在发动机运转、发电机向蓄电池充电时进行。（　　）
25. 对新启用的蓄电池充电时，可以采用定压充电。（　　）
26. 正常使用的蓄电池若停用一个月以上，应进行补充充电。（　　）
27. 交流发电机只有一个励磁绕组。（　　）
28. 我国交流发电机为负极搭铁。（　　）
29. 交流发电机的产品代号 JFW 表示该交流发电机是整体式交流发电机。（　　）
30. 交流发电机输出电压只要比蓄电池电压高出 0.5 V 时，就开始充电。（　　）
31. 外搭铁交流发电机，其磁场绕组直接搭铁。（　　）
32. 在充电回路中，交流发电机的电枢（正极）与电流表的"＋"相连。（　　）
33. 汽车交流发电机的绝缘性能检查，可采用兆欧表来检查。（　　）
34. 汽车交流发电机配用的电压调节器用来改变励磁电流，维持发电机在高转速时电压恒定。（　　）
35. 汽车交流发电机配用电压调节器是为了保证发电机在一定转速范围内的电压恒定。（　　）
36. 双极式电压调节器中的低速触点打开后，附加电阻与励磁绕组串接。（　　）
37. 汽车每行驶 50 000 km 才允许拆检交流发电机。（　　）
38. 交流发电机不允许使用兆欧表对其进行绝缘性检查。（　　）
39. 电源系中的交流发电机电刷压力不足，其故障现象表现为充电电流不稳定。（　　）

二、单项选择题（选择一个正确的答案，将相应的字母填入题内的括号中）

1. 蓄电池中每个单体电池的标准电压为（　　）V。
　　A. 1.7　　　　　B. 2　　　　　C. 2.4　　　　　D. 2.7
2. 蓄电池主要由（　　）组成。
　　A. 极板、隔板、壳体、电解液、铅连接条、极柱

B. 极板、夹板、壳体、电解液、极柱

C. 极板、隔板、壳体、PbO_2 铅条、极柱

D. 极板、壳体、$PbSO_4$ 铅连接条、极柱

3. 汽车上一般有（　　）个电源。

   A. 1　　　　　　B. 2　　　　　　C. 3　　　　　　D. 4

4. 在每个单体电池中，负极板的数量与正极板数量相比（　　）。

   A. 少一片　　　B. 少二片　　　C. 多一片　　　D. 多二片

5. 在蓄电池中，栅架和填充物构成的是（　　）。

   A. 隔板　　　　B. 极板　　　　C. 栅板　　　　D. 壳体

6. 测量蓄电池的电解液液面高度和密度可利用（　　）。

   A. 加液孔　　　B. 极柱孔　　　C. 通气孔　　　D. 以上三孔均可

7. 电解液的相对密度是（　　）g/cm^3。

   A. 1.10～1.20　B. 1.24～1.30　C. 1.30～1.38　D. 1.38～1.60

8. 蓄电池内部正、负极板应尽可能靠近，其原因是（　　）。

   A. 减小蓄电池尺寸，增大电阻　　　B. 便于电解液流动，增大电阻

   C. 减小蓄电池尺寸，减小电阻　　　D. 便于电解液流动，减小电阻

9. 6-QW-100 型蓄电池，其中 QW 表示（　　）。

   A. 起动用，湿荷少维护　　　　　　B. 起动用，免维护

   C. 干荷多维护，起动用　　　　　　D. 起动用，湿荷免维护

10. 当蓄电池和负载接通放电时，负极板上生成的是（　　）。

    A. PbO_2　　　B. Pb　　　　C. $PbSO_4$　　　D. H_2SO_4

11. 当蓄电池和发电机接通充电时，正极板上生成的是（　　）。

    A. PbO_2　　　B. Pb　　　　C. $PbSO_4$　　　D. H_2SO_4

12. 蓄电池放电终了的标志之一是电解液密度降低到（　　）g/cm^3。

    A. 2.2　　　　B. 1.8　　　　C. 1.1　　　　D. 0.5

13. 汽车上规定每次使用起动机（蓄电池大电流放电）的时间不应超过（　　）s。

    A. 1　　　　　B. 3　　　　　C. 5　　　　　D. 10

14. 电解液的温度应控制在（　　）℃以内。
    A. 10　　　　　　B. 25　　　　　　C. 30　　　　　　D. 45

15. 蓄电池过充电造成损坏的是（　　）。
    A. 栅板　　　　　B. 电解液的浓度　C. 隔板　　　　　D. 极板

16. 完全充足电的蓄电池，放置（　　）个月不用会逐渐失去电量。
    A. 1　　　　　　 B. 3　　　　　　 C. 5　　　　　　 D. 10

17. 金属导电物质落入正负极板之间将造成蓄电池内部极板（　　）。
    A. 通路　　　　　B. 断路　　　　　C. 短路　　　　　D. 接地

18. 蓄电池电解液相对密度大约为 1.1 g/cm³时，表示（　　）。
    A. 放电终了　　　B. 放电开始　　　C. 放电过程中　　D. 充电过程中

19. 初配好的电解液，温度可高达（　　）℃。
    A. 20　　　　　　B. 40　　　　　　C. 80　　　　　　D. 120

20. 蓄电池的电解液是用相对密度为（　　）的化学纯净硫酸和合格的蒸馏水配置而成的。
    A. 1.0～1.1　　　B. 1.83～1.84　　C. 2.11～2.13　　D. 2.74～2.75

21. 用定电压充电的方法完成一次初充电要（　　）h。
    A. 60～70　　　　B. 40～50　　　　C. 20～30　　　　D. 5～10

22. 补充电解液应加注至高出极板（　　）mm。
    A. 1～2　　　　　B. 3～5　　　　　C. 7～10　　　　 D. 10～15

23. GB 5008.1—2005《起动用铅酸蓄电池技术条件》规定：蓄电池额定容量是指电解液温度为（　　）℃时的 20 h 放电率容量。
    A. 20　　　　　　B. 25　　　　　　C. 30　　　　　　D. 15

24. 电解液液面高度低于标准时，应补加（　　）。
    A. 电解液　　　　B. 稀硫酸　　　　C. 蒸馏水　　　　D. 自来水

25. 一般行驶 1 000 km 应对电解液液面进行检查，蓄电池电解液的液面高度应高出极板（　　）mm。
    A. 5～10　　　　 B. 10～15　　　　C. 15～20　　　　D. 20～25

26. 蓄电池的一般存储期限为（　　）年。
    A. 半　　　　B. 2　　　　C. 5　　　　D. 10
27. 发电机励磁绕组安装在（　　）上。
    A. 电枢　　　B. 爪极　　　C. 磁轭　　　D. 滑环
28. 代号为 JFB 的交流发电机表示的是（　　）。
    A. 交流发电机　　　　　　　B. 带泵交流发电机
    C. 无刷交流发电机　　　　　D. 整体交流发电机
29. JF152 型交流发电机的电流等级为（　　）A。
    A. 20～29　　B. 30～39　　C. 40～49　　D. 50～59
30. 交流发电机在高速时，励磁状态是（　　）。
    A. 他励　　　B. 复励　　　C. 自励　　　D. 并励
31. 交流发电机整流二极管加正向电压时，二极管（　　）。
    A. 导通　　　B. 截止　　　C. 不能确定　　　D. 击穿
32. 交流发电机输出电流随汽车（　　）的变化而变化。
    A. 车速　　　B. 发动机转速　　　C. 蓄电池电压　　　D. 用电设备
33. 交流发电机标有"+"或"正极"的一端接（　　）。
    A. 正极管的阳极　B. 正极管的阴极　C. 负极管的阴极　D. 负极管的阳极
34. 将交流发电机产生的交流电转化为直流电的装置为（　　）。
    A. 限流器　　　B. 整流器　　　C. 断流器　　　D. 调节器
35. 单极式电压调节器在触点打开后，调节电阻与磁场绕组（　　）。
    A. 混联　　　B. 并联　　　C. 串联　　　D. 接地
36. 交流发电机使用的双极式电压调节器有（　　）。
    A. 一对触点　　B. 两对触点　　C. 高速触点　　D. 低速触点
37. 使用 MF10 型万用表 $R\times 1$ 挡检测发电机"F"与"—"端子，阻值在 30 Ω 左右，则说明（　　）。
    A. 磁场绕组短路　　　　　　B. 磁场绕组极间短路
    C. 炭刷与滑环接触不良　　　D. 滑环之间短路

38. 使用MF10型万用表 $R\times1$ 挡检测发电机"F"与"—"端子,阻值在 1Ω 左右,则说明（　　）。
　　A. 磁场绕组短路　　　　　　　B. 磁场绕组极间短路
　　C. 炭刷与滑环接触不良　　　　D. 滑环之间短路

39. 交流发电机充电电流不稳定可能的原因是（　　）。
　　A. 二极管损坏　　　　　　　　B. 转子线圈短路
　　C. 调节器触点烧蚀　　　　　　D. 传动带过松

起动系

一、判断题（将判断结果填入括号中。正确的填"√",错误的填"×"）

1. 汽车用起动机由直流串励式电动机、传动机构和控制装置构成。（　　）
2. 汽车起动机中的电枢由输入轴、换向器、铁心和电枢绕组等组成。（　　）
3. 汽车上使用的起动机大部分采用直流串励式电动机。（　　）
4. 汽车起动机一般是按照直流电动机的励磁方式分类。（　　）
5. 汽车起动机可按控制方式和传动机构的啮合方式分类。（　　）
6. 汽车起动机型号电压等级1表示24 V。（　　）
7. 汽车起动机是将电能转化为机械能的装置。（　　）
8. 汽车起动机的转子是磁极。（　　）
9. 汽车起动机的电枢电流 I_s 与电磁转矩 M 成正比,与磁通量成反比。（　　）
10. 汽车起动机配用的起动继电器用来保护起动机,避免超载。（　　）
11. 汽车起动机配用的复合起动继电器具有保护起动机的作用。（　　）
12. 上海桑塔纳汽车的起动机是单向滚柱式离合器。（　　）
13. 黄河汽车的起动机是摩擦片式单向离合器。（　　）
14. 上海桑塔纳汽车的起动机是摩擦片式单向离合器。（　　）
15. 弹簧式单向离合器的起动机轴向尺寸有所增大,在小型汽车上装用受到限制。（　　）
16. 棘轮式单向离合器传递转矩大,多用于大功率的汽车上。（　　）

17. 棘轮式单向离合器传递转矩小，多用于小功率的汽车上。（　　）
18. 现代汽车起动机基本上都是采用电磁操纵式起动开关。（　　）
19. 复合式继电器具有起动机自锁保护作用，还有控制充电指示灯。（　　）
20. 常见的起动继电器分单联式及三联式两种。（　　）
21. 汽车起动机控制电路包括起动继电器电路和起动继电器控制电路。（　　）
22. 汽车起动时，将点火开关旋至起动挡。（　　）
23. 汽车起动后，松开点火开关，点火开关即自动回到起动挡。（　　）
24. 起动机在连续起动时，中间应停歇 5 min。（　　）
25. 起动机齿轮与飞轮不能啮合的原因可能是开关闭合过早。（　　）
26. 起动机运转无力的故障原因是起动机的蓄电池亏电较多。（　　）
27. 起动机运转无力的故障原因是起动机的蓄电池极桩太脏。（　　）

二、单项选择题（选择一个正确的答案，将相应的字母填入题内的括号中）

1. 强制啮合式起动机的控制方式可分为（　　）和电磁式操纵。
   A. 气压式操纵　　B. 液压式操纵　　C. 直接操纵　　D. 机械控制式操纵
2. 汽车起动机由（　　）、磁极和换向器等主要部件组成。
   A. 电刷　　B. 接线柱　　C. 电枢　　D. 铁心
3. 汽车用起动机是由直流串励式电动机、（　　）和控制装置构成。
   A. 连杆机构　　B. 齿轮机构　　C. 传动机构　　D. 蜗杆机构
4. 汽车起动机中的电枢由（　　）、换向器、铁心和电枢绕组等组成。
   A. 电刷　　B. 输入轴　　C. 电枢轴　　D. 励磁绕组
5. 永磁式起动机一般采用（　　）个永久磁极。
   A. 1　　B. 2　　C. 4　　D. 6
6. 汽车起动机型号电压等级 1 表示（　　）V。
   A. 12　　B. 24　　C. 36　　D. 48
7. 汽车起动机的电枢绕组一般都用较粗的（　　）裸体铜线绕制。
   A. 矩形　　B. 圆形　　C. 正方形　　D. 菱形
8. 起动机起动时承受的是（　　）。

A. 静载荷 B. 动载荷 C. 冲击载荷 D. 交变载荷

9. 汽车起动机的电枢流过的电流很大主要是为了获得较大的（ ）。

A. 速比 B. 转数 C. 转矩 D. 作用力

10. 起动机控制装置的作用是切断或接通起动机和（ ）之间的电路。

A. 发电机 B. 附加电阻 C. 蓄电池 D. 继电器

11. 汽车起动机每次接通时间不得超过（ ）s。

A. 3 B. 5 C. 8 D. 10

12. ST08起动机的传动机构为（ ）离合器。

A. 单向滚柱式 B. 摩擦片式 C. 弹簧式 D. 牙嵌式

13. 下列（ ）车使用摩擦片式单向离合器。

A. 奥迪 B. 黄河 C. 东风 D. 五十铃

14. 汽车起动机驱动齿轮与发动机飞轮齿轮的速比是（ ）。

A. 12～13 B. 23～24 C. 33～34 D. 45～46

15. 弹簧式单向离合器主要由驱动齿轮、扭力弹簧、（ ）组成。

A. 十字块 B. 滚柱 C. 缓冲弹簧 D. 摩擦片

16. 棘轮式单向离合器主要由驱动齿轮、主动棘轮、（ ）组成。

A. 十字块 B. 滚柱 C. 从动棘轮 D. 摩擦片

17. 汽车起动机的棘轮式单向离合器的实质是（ ）。

A. 单向离合器 B. 双向离合器 C. 摩擦离合器 D. 牙嵌式离合器

18. ST614型起动机的（ ）与电枢绕组串联（主电路未接通时）。

A. 励磁绕组 B. 电刷 C. 换向器 D. 吸拉线圈

19. 常见的起动继电器分单联式及（ ）两种。

A. 双联式 B. 三联式 C. 四联式 D. 复合式

20. 复合式继电器具有起动机自锁保护作用，还能（ ）。

A. 控制充电指示灯 B. 控制保护线圈

C. 控制吸引线圈 D. 控制点火开关

21. 汽车起动继电器控制电路是由（ ）控制的。

A. 熔丝　　　　B. 点火开关　　　C. 控制开关　　　D. 自动

22. 汽车起动时，将点火开关旋至（　　）。

A. 通电挡　　　B. 电源挡　　　　C. 点火挡　　　　D. 起动挡

23. 汽车起动后，松开点火开关，点火开关即自动回到（　　）。

A. 通电挡　　　B. 电源挡　　　　C. 点火挡　　　　D. 起动挡

24. 起动机中的单向滚柱式离合器打滑，可能出现的故障是（　　）。

A. 起动机不能起动　　　　　　　B. 起动机空转

C. 起动机有撞击声　　　　　　　D. 起动机失去自动保护

25. 起动机开关烧蚀可能引起的故障现象是（　　）。

A. 不能起动、转动无力

B. 空转

C. 有撞击声

D. 起动机齿轮与飞轮不能啮合，且有撞击声

26. 起动机的电刷磨损过多或电刷弹簧压力不足使电刷接触不良所导致的故障现象是（　　）。

A. 起动机齿轮与飞轮不能啮合，且有撞击声

B. 起动机不转动

C. 起动机小齿轮打空

D. 起动机运转无力

27. 起动机的蓄电池亏电较多所出现的故障现象是（　　）。

A. 起动机不转动或起动机运转无力　　B. 起动机小齿轮打空

C. 起动机齿轮与飞轮不能啮合　　　　D. 驱动齿轮损坏

传统点火系

一、判断题（将判断结果填入括号中。正确的填"√"，错误的填"×"）

1. 传统点火系的作用是将蓄电池或发电机的低压电（12～14 V）变成高压电（17～

30 kV），再按发动机各汽缸的工作顺序与点火时间的要求，适时地、准确地点燃汽缸内的可燃混合气，使发动机工作。（　　）

2. 传统点火系中，从点火开始到活塞到达上止点的一段时间内，凸轮轴所转的角度，通常称为点火提前角。（　　）

3. 1886年，第一辆汽车使用的是晶体管点火系。（　　）

4. 1908年，美国人首先在汽车上使用蓄电池点火系。（　　）

5. 传统点火系统主要由蓄电池（或发电机）、点火线圈、断电器、火花塞、点火开关等部件组成。（　　）

6. 传统点火系中使用附加电阻，可以改善在低速时点火线圈过热的问题。（　　）

7. 传统点火系中使用附加电阻，可以使点火线圈在发动机高速运转时电流增大。（　　）

8. 由于汽车点火线圈一次绕组断电时的自感作用，其端电压有200～300 V。（　　）

9. 传统点火系的每一点火过程可以分为触点闭合—触点张开—火花塞间隙放电三个阶段。（　　）

10. 点火线圈二次绕组产生出17～30 kV的高压电，形成电火花，使释放的化学能转换为热能，点燃发动机汽缸中的混合气。（　　）

11. 传统点火系的点火提前角过大，会使发动机的功率下降，且爆燃严重。（　　）

12. 传统点火系的点火提前角过小，会使发动机的功率下降，且爆燃严重。（　　）

13. 传统点火系的最佳点火提前角与压缩比的关系是压缩比大小与之无关。（　　）

14. 对传统点火系来说，触点闭合时间长，有利于初级电流增长，对提高次级电压有利。（　　）

15. 传统点火系中点火能量的大小，取决于次级电压和电流的乘积。（　　）

16. 传统点火系的次级电压越高，发动机转数越高。（　　）

17. 传统点火系中的电容器有削弱磁场的作用。（　　）

18. 分电器中的离心式调节器可以随发动机负荷大小而变化，从而可以调整点火提前角。（　　）

19. 点火提前角越大，离心式调节器中的重块被甩得越远。（　　）

20. 火花塞击穿电压的数值只与火花塞两电极之间的距离以及汽缸内的压力有关。
（　　）
21. 火花塞一般分为热型和冷型两种。（　　）
22. 热型火花塞适用于高速、大功率的发动机。（　　）
23. 点火开关的"ST"挡位主要用于接通起动系电路。（　　）
24. 自动调整起始点火提前角叫点火正时。（　　）
25. 断电器触点间隙一般为0.55～0.65 mm。（　　）
26. 进气压力与最佳点火提前角的关系是进气压力减小，点火提前角增大。（　　）
27. 分电器中的凸轮磨损不均所出现的故障现象是发动机运转不均匀。（　　）
28. 发动机的分电器插座孔锈污而导电不良所出现的故障现象是发动机不能起动。
（　　）
29. 传统点火系中的高压分缸线错乱所出现的故障现象是发动机不能起动。（　　）

二、单项选择题（选择一个正确的答案，将相应的字母填入题内的括号中）

1. 传统点火系的作用是将蓄电池或发电机的低压电（12～14 V）变成高压电（　　）kV。
　　A. 1～3　　　　B. 17～30　　　　C. 45～60　　　　D. 80～100
2. 点火系的类型有磁电机点火系、电子点火系和（　　）。
　　A. 传统点火系　　　　　　　　B. 晶体管点火系
　　C. 全电子点火系　　　　　　　D. 三极管点火系
3. 为了保证可靠点火，传统的点火系电火花一般应保证有（　　）mJ的点火能量。
　　A. 50～60　　　　B. 50～70　　　　C. 50～80　　　　D. 60～90
4. 1886年，第一辆汽车使用的是（　　）点火系。
　　A. 磁电机　　　　B. 蓄电池　　　　C. 晶体管　　　　D. 电子
5. 1908年，美国人首先在汽车上使用（　　）点火系。
　　A. 磁电机　　　　B. 蓄电池　　　　C. 晶体管　　　　D. 电子
6. 传统点火系统主要由蓄电池（或发电机）、点火线圈、（　　）、火花塞、点火开关等部件组成。
　　A. 断电器　　　　B. 分电器　　　　C. 配电器　　　　D. 电容器

7. 汽车传统点火系低压电路为：蓄电池—点火开关—（　　）—一次绕组—断电器触点—接地。

　　A. 继电器　　　　B. 点火线圈　　　C. 蓄电池　　　　D. 电容器

8. 汽车传统点火系低压电路为：蓄电池—（　　）—点火线圈一次绕组—断电器触点—接地。

　　A. 继电器　　　　B. 点火开关　　　C. 蓄电池　　　　D. 电容器

9. 由于汽车点火线圈一次绕组断电时的自感作用，其端电压有（　　）V。

　　A. 50～100　　　 B. 100～200　　　C. 200～300　　　D. 400～500

10. 传统点火系的工作过程可分为（　　）个部分。

　　A. 2　　　　　　B. 3　　　　　　C. 4　　　　　　D. 5

11. 点火线圈二次绕组产生出 17～30 kV 的高压电，形成电火花，使释放的（　　）转换为热能点燃发动机汽缸中的混合气。

　　A. 动能　　　　　B. 电能　　　　　C. 化学能　　　　D. 电磁能

12. 发动机处于起动或急速状态时，传统点火系的最佳点火提前角将（　　）。

　　A. 不提前或减小　　　　　　　　　B. 增大

　　C. 不提前或增大　　　　　　　　　D. 减小

13. 汽油辛烷值与最佳点火提前角的关系是（　　）。

　　A. 辛烷值大，提前角增大　　　　　B. 辛烷值大，提前角减小

　　C. 辛烷值低，提前角增大　　　　　D. 辛烷值大或小，提前角不变

14. 传统点火系的最佳点火提前角与压缩比的关系是（　　）。

　　A. 压缩比大，点火提前角增大　　　B. 压缩比大，点火提前角减小

　　C. 压缩比小，点火提前角减小　　　D. 压缩比大小与之无关

15. DQ125 点火线圈中的"DQ"表示（　　）。

　　A. 生产厂家代号　　　　　　　　　B. 干式点火线圈

　　C. 普通点火线圈　　　　　　　　　D. 电子点火系统用点火线圈

16. 近年来（　　）点火线圈广泛应用于电子点火系统中。

　　A. 闭磁路　　　　B. 开磁路　　　　C. 混合磁路　　　D. 无磁路

17. 附加电阻在 20℃时，阻值为（　　）Ω。

　　A. 0.5～1　　　　B. 1.27～1.7　　　C. 2.2～2.5　　　D. 3.1～3.55

18. 传统点火系一次绕组（初级）电路中附加电阻的阻值，随温度（　　）而电阻变大。

　　A. 上升　　　　　B. 变化　　　　　C. 下降　　　　　D. 其他

19. 传统点火系中电容器与断电器在电路中的关系是（　　）。

　　A. 串联　　　　　B. 混联　　　　　C. 并联　　　　　D. 其他

20. 断电器触点是与电容器并联的，当触点打开后，利用电容器的（　　）加速了磁场的消失，从而使二次绕组感应电动势得以提高。

　　A. 磁化　　　　　B. 励磁　　　　　C. 充电　　　　　D. 放电

21. 发动机汽缸内混合气的压力与火花塞击穿电压的关系是（　　）。

　　A. 随压力增大而增大　　　　　　　B. 随压力减小而增大

　　C. 随压力增大而减小　　　　　　　D. 无关

22. 传统的开磁路点火线圈分二接线柱和三接线柱两种形式，其区别是（　　）。

　　A. 二接线柱采用附加电阻　　　　　B. 二接线柱采用电阻线

　　C. 三接线柱采用电阻线　　　　　　D. 均采用附加电阻

23. 火花塞一般分为热型、冷型和（　　）。

　　A. 中型　　　　　B. 混合型　　　　C. 高型　　　　　D. 低型

24. 凸轮和分电器小轴连接处，在凸轮的凹顶中有毡芯，二级维护时在毡芯中加（　　）滴机油。

　　A. 1～2　　　　　B. 4～5　　　　　C. 6～7　　　　　D. 8～9

25. 断电器触点间隙一般为（　　）mm。

　　A. 0.10～0.25　　B. 0.35～0.45　　C. 0.55～0.65　　D. 0.75～0.85

26. 调整点火正时需要确定第（　　）缸活塞压缩行程上止点位置。

　　A. 一　　　　　　B. 二　　　　　　C. 三　　　　　　D. 四

27. 传统点火系的低压电路断路所导致的故障现象是（　　）。

　　A. 发动机动力不足　　　　　　　　B. 发动机运转不均匀

　　C. 发动机起动时反转　　　　　　　D. 发动机不能起动

28. 点火开关损坏所导致的故障现象是（　　）。
    A. 发动机不能起动　　　　　　　　B. 发动机运转不均匀
    C. 发动机动力不足　　　　　　　　D. 发动机起动时反转

29. 蓄电池极桩脏污所导致的故障现象是（　　）。
    A. 发动机动力不足　　　　　　　　B. 发动机运转不均匀
    C. 发动机不能起动　　　　　　　　D. 发动机起动时反转

照明与信号装置

一、判断题（将判断结果填入括号中。正确的填"√"，错误的填"×"）

1. 前照灯的功能是在汽车夜间行驶时照明道路，以确保夜间行车的交通安全。（　　）
2. 所谓汽车灯具，就是汽车照明装置和电信号装置的总称。（　　）
3. 灯光信号的主要作用是保证行车安全。（　　）
4. 汽车前照灯的防眩目措施主要采用具有配光镜的双丝灯泡或偏振光前照灯。（　　）
5. 眩目指的是眼睛突然受强光刺激，视神经对眼睛失去控制，以致不能看见路面物体，造成交通事故。（　　）
6. 国产前照灯的反射镜目前大多采用真空镀铬。（　　）
7. 前照灯反射镜的表面形状大都是抛物旋转体面。（　　）
8. 现代汽车的前照灯大部分都是疝气灯。（　　）
9. 通常前照灯分为可拆式、半封闭式和全封闭式三种。（　　）
10. 为了不使驾驶员在会车时眩目，规定夜间会车须在150 m以外关闭前照灯，改用前小灯或雾灯。（　　）
11. 强光束突然射入眼睛，会刺激视网膜，因瞳孔来不及收缩而看不清物体的现象叫做眩目。（　　）
12. 前照灯的安装方式有外装式、内装式和可拆式。（　　）
13. 闪烁器的种类较多，常用的有翼片式、热丝式、电容式和晶体管式等多种。（　　）
14. 闪烁器除了转向时使用外，还兼顾故障显示和危险报警。（　　）

15. 电热式闪烁器中的镍铬丝具有受热收缩、冷却伸长的特性。（　　）
16. 电容式闪烁器主要是由一个继电器和一个电容器组成。（　　）
17. 电容式闪烁器的工作原理是利用电容器充、放电延时特性，使继电器产生周期性开关动作。（　　）
18. 电子闪烁器可分为晶体管式和集成电路式两类。（　　）
19. 汽车雾灯在雾天、下雪、暴雨的气候条件下使用。（　　）
20. 汽车示宽灯在雾天、下雪、暴雨的气候条件下使用。（　　）
21. 汽车组合式后灯有水平式和竖直式两种。（　　）
22. 电流表的接法以蓄电池为准，电流表的正极与蓄电池正极相连。（　　）
23. 电流表可以指示蓄电池是处于充电状态还是放电状态。（　　）
24. 国产汽车装用较多的是电磁式油压表。（　　）
25. 电磁式机油压力表也称为双金属片油压表。（　　）
26. 发动机低速运转时，油压表读数最低不得小于 147 kPa。（　　）
27. 电磁式水温表的热敏电阻是负阻值热敏电阻。（　　）
28. 电热式水温表的热敏电阻是负阻值热敏电阻。（　　）
29. 发动机工作正常时，水温应在 75～90℃。（　　）
30. 燃油表的指针指在 0 的位置时，传感器中的电阻阻值为零。（　　）
31. 电源稳压器由双金属片、触点和加热线圈组成。（　　）
32. 电源稳压器的作用是控制电流的大小。（　　）
33. 车速里程表是用来指示汽车行驶速度的仪表。（　　）
34. 发动机转速表有磁感应式、电传动动圈式和双金属片式三种。（　　）
35. 电子式转速表由转速信号拾取装置、转速信号处理电路和齿轮机构组成。（　　）
36. 个别仪表不工作往往是由仪表、熔丝或对应线路断路、短路等引起的。（　　）
37. 气喇叭是利用电磁力使金属片振动产生音响，外形一般为筒形。（　　）
38. 电喇叭是利用气流使金属片振动产生音响，外形一般为盆形。（　　）
39. 安装喇叭继电器的目的是保护喇叭。（　　）
40. 消弧电阻或电容器损坏的故障是喇叭声音沙哑。（　　）

41. 喇叭线圈烧坏或有脱焊之处的故障现象是触点容易烧蚀。（ ）

42. 回位弹簧钢片折断的故障现象是按下按钮，喇叭不响，只发出"嗒"的一声，但耗电量过大。（ ）

二、单项选择题（选择一个正确的答案，将相应的字母填入题内的括号中）

1. 汽车在夜间行驶时，前照灯照亮车前（ ）m以上道路和物体，确保行车安全。
   A. 20   B. 35   C. 100   D. 150

2. 汽车牌照灯用来照亮车辆后牌照板，要求夜间在车后（ ）m处能看清牌照上的号码。
   A. 10   B. 20   C. 35   D. 100

3. 汽车转向信号灯在汽车转弯时，发出明暗交替的闪光信号，使前后车辆、行人、交通警知其行驶方向，要求在距车辆（ ）m以外能看清楚。
   A. 35   B. 100   C. 150   D. 175

4. 我国交通管理部门以（ ）规定了汽车前照灯的照明标准。
   A. 行业标准   B. 国家规定   C. 法律形式   D. 厂家标准

5. 现代汽车前照灯应具有（ ）装置。
   A. 防眩目   B. 闪光   C. 散光   D. 加热

6. 由于前照灯的功率较小，仅45～60 W，如无反射镜只能照清汽车前方（ ）m左右的路面。
   A. 1   B. 6   C. 12   D. 24

7. 目前我国前照灯灯泡的额定电压有6 V、（ ）V、24 V。
   A. 1   B. 12   C. 36   D. 48

8. 汽车前照灯远光灯泡的功率一般为（ ）W。
   A. 5   B. 10～15   C. 45～60   D. 100～150

9. 全封闭式的前照灯里面充（ ）。
   A. 惰性气体   B. 氧气   C. 氢气   D. 疝气

10. 防眩目的措施之一是（ ）。
    A. 使用双丝灯泡   B. 戴眼镜

C. 戴帽子　　　　　　　　　　　D. 加大前照灯灯泡功率

11. 强光束突然射入眼睛，会刺激视网膜，因瞳孔来不及收缩而看不清物体的现象叫做（　　）。

　　A. 闪光　　　　B. 眩目　　　　C. 暗目　　　　D. 亮目

12. 前照灯的安装方式有外装式、内装式和（　　）。

　　A. 可拆式　　　B. 半封闭式　　C. 全封闭式　　D. 组合式

13. 闪烁器的种类较多，常用的有（　　）、热丝式、电容式和晶体管式等多种。

　　A. 翼片式　　　B. 半封闭式　　C. 全封闭式　　D. 组合式

14. 直热翼片式闪烁器主要由翼片、（　　）、触点等组成。

　　A. 电容器　　　B. 热胀条　　　C. 继电器　　　D. 胶木板

15. 电热式闪烁器的闪烁频率一般为（　　）次/min。

　　A. 15～60　　　B. 65～120　　　C. 200～250　　D. 300～350

16. 电容式闪烁器主要是由一个（　　）和一个电容器组成。

　　A. 电容器　　　B. 热胀条　　　C. 继电器　　　D. 胶木板

17. 电容式闪烁器是利用电容器充、放电延时特性，使继电器产生（　　）开关动作。

　　A. 周期性　　　B. 闪烁性　　　C. 常开　　　　D. 常闭

18. 有触点晶体管式闪烁器主要由一个（　　）的开关电路和一个继电器组成。

　　A. 电容器　　　B. 热胀条　　　C. 三极管　　　D. 胶木板

19. 常用汽车示宽灯分为圆形和（　　）两种。

　　A. 方形　　　　B. 矩形　　　　C. 半封闭式　　D. 全封闭式

20. 常用汽车雾灯分为圆形和（　　）两种。

　　A. 方形　　　　B. 矩形　　　　C. 半封闭式　　D. 全封闭式

21. 汽车组合式后灯有水平式和（　　）两种。

　　A. 竖直式　　　B. 矩形　　　　C. 半封闭式　　D. 全封闭式

22. 汽车仪表板上的电流表主要是用作（　　）。

　　A. 指示发电机输出电流　　　　　B. 指示起动时的电流大小
　　C. 指示蓄电池充、放电流大小　　D. 指示蓄电池放电电流的大小

23. 电流表指针歪斜、碰擦卡住或指针轴和轴承磨损的故障是（　　）。
    A. 通电流时，指针有时转动，有时停滞
    B. 指针转动不灵活，呆滞
    C. 电流不通
    D. 通电流时，指示值过低
24. 常用的油压表有电热式、电磁式和（　　）三种。
    A. 双金属片　　B. 动磁式　　C. 弹簧管式　　D. 电容式
25. 发动机低速运转时，油压表读数最低不得小于（　　）kPa。
    A. 47　　B. 87　　C. 147　　D. 490
26. 机油压力表的正常油压一般应在 196～392 kPa，但最高值不应超过（　　）kPa。
    A. 47　　B. 147　　C. 490　　D. 690
27. 水温表传感器安装在（　　）上。
    A. 汽缸盖　　B. 水箱　　C. 汽缸体　　D. 水泵
28. 电磁式水温表使用的热敏电阻传感器电阻值随温度（　　）。
    A. 升高而升高　　B. 升高而减小　　C. 减小而减小　　D. 不变
29. 发动机工作正常时，水温应在（　　）℃。
    A. 40～50　　B. 50～65　　C. 75～90　　D. 100～120
30. 燃油传感器由（　　）组成。
    A. 电阻、浮子　　B. 电阻、滑片　　C. 浮子、滑片　　D. 电阻、浮子、滑片
31. 电源稳压器由（　　）、触点和加热线圈组成。
    A. 双金属片　　B. 电磁　　C. 电容　　D. 继电器
32. 电源稳压器由双金属片、（　　）和加热线圈组成。
    A. 触点　　B. 电磁　　C. 电容　　D. 继电器
33. 里程表是由（　　）和计数轮组成。
    A. 齿轮机构
    B. 蜗轮蜗杆机构
    C. 齿轮、蜗杆机构
    D. 行星齿轮机构
34. 发动机转速表有磁感应式、电传动动圈式和（　　）三种。

A. 电子式　　　　B. 电磁式　　　　C. 双金属片式　　D. 金属管式

35. 电子式转速表由转速信号拾取装置、转速信号处理电路和（　　）组成。

A. 齿轮机构　　　　　　　　B. 蜗轮蜗杆机构

C. 仪表显示器　　　　　　　D. 行星齿轮机构

36. 个别仪表不工作往往由仪表、（　　）或对应线路断路、短路等引起的。

A. 熔丝　　　　B. 传感器故障　　C. 稳压器电源　　D. 仪表电源线路接地

37. 电喇叭按外部形状的不同分为长筒形、螺旋形和（　　）三种。

A. 凸形　　　　B. 凹形　　　　C. 方形　　　　D. 盆形

38. （　　）是汽车的音响信号装置。

A. 喇叭　　　　B. 传感器　　　C. 仪表　　　　D. 收音机

39. 安装喇叭继电器的目的是保护（　　）。

A. 喇叭声音　　B. 喇叭　　　　C. 喇叭按钮　　D. 音响

40. 喇叭电容器或灭弧电阻短路所导致的故障现象是（　　）。

A. 喇叭声音沙哑

B. 触点容易烧蚀

C. 按下按钮，喇叭不响，只发出"嗒"的一声，但耗电量过大

D. 按下喇叭按钮，喇叭不响

41. 喇叭调整不当，工作电流过大的故障是（　　）。

A. 按下按钮，喇叭不响，只发出"嗒"的一声，但耗电量过大

B. 喇叭声音沙哑

C. 按下喇叭按钮，喇叭不响

D. 触点容易烧蚀

42. 喇叭电源线断路产生的故障现象是（　　）。

A. 按下喇叭按钮，喇叭不响

B. 喇叭声音沙哑

C. 按下按钮，喇叭不响，只发出"嗒"的一声，但耗电量过大

D. 触点容易烧蚀

辅助电气设备

一、判断题（将判断结果填入括号中。正确的填"√"，错误的填"×"）

1. 汽车常用的电动汽油泵有晶体管式和触点式。（   ）
2. 晶体管式电动汽油泵主要由机械油泵和晶体管开关电路组成。（   ）
3. 晶体管式电动汽油泵中的三极管是靠冷却液冷却的。（   ）
4. 汽车常用的电动汽油泵有晶体管式和膜片式。（   ）
5. 触点式电动汽油泵主要由机械油泵和控制电路组成。（   ）
6. 触点式电动汽油泵应安装得离油箱越远越好。（   ）
7. 为保证汽车在雨天行驶时驾驶员有良好的视线，确保行车安全，汽车上都装有刮水器。（   ）
8. 刮水器使用最多的是液压式和电动式两种。（   ）
9. 目前汽车上广泛使用的刮水器全部是电动式。（   ）
10. 线绕式电动刮水器是通过改变磁通来实现变速的。（   ）
11. 永磁式电动刮水器是通过改变磁通来实现变速的。（   ）
12. 电动刮水器在低速工作时，刮水片每分钟来回摆动27次。（   ）
13. 在汽车电路中，保险装置的作用是当电路发生短路或过载时，立即接通电路，保证用电设备正常用电。（   ）
14. 在汽车上，常用的保险装置有重复性保险装置、一次性保险装置和电源总开关。（   ）
15. 重复性保险装置在检查并处理故障后，必须电动复位恢复供电。（   ）
16. 目前，新型汽车上使用的保险装置多为重复性保险装置。（   ）
17. 一次性保险装置有普通熔丝、玻璃熔断管和快速熔断片。（   ）
18. 在汽车上，闸刀式电源总开关一般用于控制蓄电池负极与接地电路的通断。（   ）

二、单项选择题（选择一个正确的答案，将相应的字母填入题内的括号中）

1. 晶体管式电动汽油泵主要由机械油泵和（   ）组成。

A. 晶体管开关电路　　　　　　　B. 控制电路
C. 卸压阀　　　　　　　　　　　D. 阀门

2. 汽车用的机械式汽油泵因温度过高会产生（　　）现象。
   A. 回位　　B. 高压　　C. 气阻　　D. 低压

3. 国产 QB 型晶体管式汽油泵有 12 V 和（　　）V 两种。
   A. 24　　B. 36　　C. 48　　D. 128

4. 触点式电动汽油泵主要由机械油泵和（　　）组成。
   A. 晶体管开关电路　　　　　　　B. 控制电路
   C. 卸压阀　　　　　　　　　　　D. 阀门

5. 汽车常用的电动汽油泵有晶体管式和（　　）。
   A. 膜片式　　B. 活塞式　　C. 触点式　　D. 高压式

6. 触点式电动汽油泵定期检查触点间隙应为（　　）mm。
   A. 0.1～0.3　　B. 0.3～0.7　　C. 1.1～1.5　　D. 1.5～2.0

7. 刮水器使用最多的是（　　）和电动式两种。
   A. 电压式　　B. 气动式　　C. 液压式　　D. 手动式

8. 为保证汽车在雨天行驶时驾驶员有良好的视线，确保行车安全，汽车上都装有（　　）。
   A. 刮水器　　B. 空调　　C. 收音机　　D. 喇叭

9. 刮水器电动机有复励式和（　　）两种。
   A. 永动式　　B. 永磁式　　C. 机械式　　D. 晶体管式

10. 永磁式电动刮水器的定子由（　　）构成。
    A. 永磁铁　　　　　　　　　　　B. 铁氧体永久磁铁
    C. 永磁头　　　　　　　　　　　D. 固定磁铁

11. 永磁式电动刮水器由电动机和（　　）组成。
    A. 风扇　　B. 传动机构　　C. 支架　　D. 清洗液

12. 电动刮水器在低速工作时，刮水片每分钟来回摆动（　　）次。
    A. 10　　B. 27　　C. 54　　D. 80

13. 汽车上用的重复性保险装置有自动和（　　）两种。

A. 手动   B. 电动   C. 液压   D. 气压

14. 当电路发生短路或过载时，立即断开电路，保证电气设备安全的是（　　）。

    A. 电动装置   B. 液压装置   C. 保险装置   D. 气压装置

15. 在汽车上，常用的保险装置有（　　）、一次性保险装置和电源总开关。

    A. 重复性保险装置   B. 熔丝

    C. 开关   D. 电源

16. 目前，新型汽车上使用的保险装置多为（　　）保险装置。

    A. 重复性   B. 一次性   C. 电动   D. 气压

17. 熔断器上的电流数代表的是（　　）。

    A. 最小容量   B. 最大容量   C. 平均容量   D. 最低容量

18. 汽车上电源总开关一般有闸刀式和（　　）两种。

    A. 重复性保险装置   B. 熔丝

    C. 电磁式   D. 永磁式

汽车电气线路

一、判断题（将判断结果填入括号中。正确的填"√"，错误的填"×"）

1. 汽车电路通常有短路和断路两种状态。（　　）
2. 开路指控制器件合上后连通的电路，也称闭合电路。（　　）
3. 一般电路都是由电源、负载、开关和连接导线四个基本部分组成的。（　　）
4. 汽车电路一般采用低压直流电源。（　　）
5. 汽车电路一般采用负极接地的单线制。（　　）
6. 在汽车线路图中，双色线标注"—1.0WR—"中的 WR 表示主色为白色、辅色为红色。（　　）
7. 汽车电路图中 R 代表黑色导线。（　　）
8. 汽车电路图中 Y 代表黑色导线。（　　）
9. 汽车电路图可以完整表达电器设备外形、车上大致安装位置。（　　）

10. 汽车线束总成由导线、端子、插接器和护套组成。（　）
11. 线路图是一种表示线束的图。（　）
12. 汽车线束图立体感强，能直观、清晰地反映电器在车上的实际位置。（　）
13. 识读电路图时对图中标注、代码及缩略语含义要了解。（　）
14. 识读电路图不需要对电路图中特殊的表达方式有所了解。（　）
15. 在汽车电路图中，电源到各电器熔断器或开关的线都是用电设备的公共火线，一般画在电路图的下部。（　）
16. 在解放 CA1091 型汽车电源电路图中，当发动机起动时蓄电池是电源、发电机是负载。（　）
17. 在解放 CA1091 型汽车电源电路图中，充电指示灯亮代表不充电。（　）
18. 在解放 CA1091 型汽车起动电路图中，汽车起动时蓄电池正负极之间是断路的。（　）
19. 在解放 CA1091 型汽车点火电路图中，点火系统分为低压电路和中压电路。（　）
20. 解放 CA1091 型汽车点火系统的高压电路由点火线圈二次绕组、配电器、高压线、火花塞等组成。（　）
21. 解放 CA1091 型汽车照明电路由车灯开关、断电器、灯光继电器、前后组合灯、仪表灯等组成。（　）
22. 解放 CA1091 型汽车采用 6-QA-150 型蓄电池。（　）
23. 解放 CA1091 型汽车采用 JF1552 型发电机。（　）
24. 解放 CA1091 型汽车气压报警的工作值为 68.6 kPa。（　）
25. 东风 EQ1091 型汽车采用 6-QA-150 型蓄电池。（　）
26. 东风 EQ1091 型汽车采用 JF1552 型发电机。（　）
27. 东风 EQ1091 型汽车仪表电路由电流表、机油压力表、燃油表、车速表等组成。（　）

二、单项选择题（选择一个正确的答案，将相应的字母填入题内的括号中）

1. （　）指控制器件合上后连通的电路，也称闭合电路。
   A. 通路　　　　B. 开路　　　　C. 断路　　　　D. 短路
2. （　）指电路中某处断开没有形成回路的电路。
   A. 通路　　　　B. 开路　　　　C. 接地　　　　D. 短路

3. 一般电路都是由（　　）、负载、开关和连接导线四个基本部分组成的。
   A. 电压　　　　　B. 电源　　　　　C. 电流　　　　　D. 电阻
4. 汽车电路一般采用（　　）电源。
   A. 高压交流　　　B. 低压交流　　　C. 低压直流　　　D. 高压直流
5. 汽车用电设备一般为（　　）连接关系。
   A. 串联　　　　　B. 并联　　　　　C. 混联　　　　　D. 高压
6. （　　）是用来表示电路中的实物及电路连接情况的图。
   A. 线束图　　　　B. 电路图　　　　C. 线路图　　　　D. 定位图
7. 汽车电路图中电源系一般用（　　）导线。
   A. 黄色　　　　　B. 蓝色　　　　　C. 红色　　　　　D. 绿色
8. 汽车电路图中电气装置的接地一般用（　　）导线。
   A. 黄色　　　　　B. 蓝色　　　　　C. 黑色　　　　　D. 绿色
9. （　　）是一种专门用来标记接线的实际位置、线路走向、线型色码的指示图。
   A. 线束图　　　　B. 电路原理图　　C. 线路图　　　　D. 定位图
10. 汽车线束总成由导线、端子、（　　）和护套组成。
    A. 熔丝　　　　　B. 继电器　　　　C. 插接器　　　　D. 灯泡
11. （　　）是一种用于指示各元器件及导线在车上的具体位置的图。
    A. 线束图　　　　B. 电路原理图　　C. 线路图　　　　D. 定位图
12. 任一电路图都遵循（　　）原则。
    A. 高压　　　　　B. 低压　　　　　C. 线路　　　　　D. 回路
13. 识读电路图对图中（　　）、代码及缩略语含义要了解。
    A. 标注　　　　　B. 实物　　　　　C. 熔丝　　　　　D. 空调
14. 对直流电路而言，电流都是从电源的正极出发，通过导线，经熔断器、开关到达用电设备，再经过导线（或搭铁）流回（　　）。
    A. 同一个电源的负极　　　　　　　B. 同一个电源的正极
    C. 另一个电源的负极　　　　　　　D. 另一个电源的正极
15. 解放 CA1091 型汽车电源电路图的特点是发电机和蓄电池（　　）。

A. 串联　　　　B. 并联　　　　C. 混联　　　　D. 高压

16. 解放 CA1091 型汽车电源电路图中充电指示灯亮代表（　　）。
　　A. 充电　　　　B. 间隙充电　　C. 不充电　　　D. 间隙不充电

17. 解放 CA1091 型汽车起动电路图中，在汽车起动时蓄电池正负极之间（　　）。
　　A. 形成回路　　B. 断路　　　　C. 短路　　　　D. 接地

18. 解放 CA1091 型汽车点火系统的高压电路由点火线圈二次绕组、配电器、高压线、（　　）等组成。
　　A. 开关　　　　B. 继电器　　　C. 火花塞　　　D. 接地线

19. 解放 CA1091 型汽车点火系统的低压电路由电源、点火开关、附加电阻器、点火线圈一次绕组、（　　）等组成。
　　A. 高压线　　　B. 配电器　　　C. 断电器　　　D. 火花塞

20. 解放 CA1091 型汽车照明电路图由车灯开关、（　　）、灯光继电器、前后组合灯、仪表灯等组成。
　　A. 变光开关　　B. 配电器　　　C. 断电器　　　D. 火花塞

21. 解放 CA1091 型汽车点火系统由分电器、点火线圈、（　　）组成。
　　A. 变光开关　　B. 配电器　　　C. 断电器　　　D. 火花塞

22. 解放 CA1091 型汽车采用（　　）V、单线制、负极接地。
　　A. 6　　　　　 B. 12　　　　　C. 24　　　　　D. 48

23. 解放 CA1091 型汽车机油压力报警的工作值为（　　）kPa。
　　A. 32.5　　　　B. 68.6　　　　C. 128.7　　　 D. 258.8

24. 东风 EQ1091 型汽车采用（　　）V、单线制、负极接地。
　　A. 6　　　　　 B. 12　　　　　C. 24　　　　　D. 48

25. 东风 EQ1091 型汽车点火系统由分电器、点火线圈、（　　）组成。
　　A. 变光开关　　B. 配电器　　　C. 断电器　　　D. 火花塞

26. 东风 EQ1091 型汽车机油压力报警的工作值为（　　）kPa。
　　A. 12～24　　　B. 59～98　　　C. 125～150　　 D. 200～300

第4部分 操作技能复习题

电工测量

数字式万用表的使用（试题代码[①]：1.2.1，考核时间：15 min）

1. 试题单

（1）操作条件

1）数字式万用表 DT9202 或 MAS830，4套。

2）电阻、电容、二极管、三极管、车用二极管各10个。

3）学生用交流电源（2V、4V、6V）1个。

4）可调直流稳压电源1个。

（2）操作内容

1）正确对万用表进行检查。

2）正确选择测量挡位。

3）正确进行测量。

4）正确判断。

5）正确结束测量。

[①] 试题代码表示该试题在操作技能考核方案表格中的所属位置。左起第一位表示项目号，第二位表示单元号，第三位表示在该项目、单元下的第几个试题。

(3) 操作要求

1) 正确使用工具。

2) 万用表使用应符合规定。

3) 测量方法、流程正确。

4) 准确记录数值。

5) 符合安全操作规程。

6) 在 15 min 内完成。

2. 评分表

试题代码及名称			1.2.1 数字式万用表的使用		考核时间		15 min			
评价要素		配分	等级	评分细则	评定等级					得分
					A	B	C	D	E	
1	万用表使用	5	A	能正确校零。会选择挡位和测量量程。操作过程中方法正确，接触良好						
			B	使用过程中有 1 处错误						
			C	使用过程中有 2 处错误						
			D	不会使用万用表						
			E	未答题						
2	测量	15	A	测量方法比较正确，电阻、电容、二极管、三极管测量数据正确，放大倍数计算正确						
			B	上述中有 1 个数据测量错误						
			C	上述中有 2 个数据测量错误						
			D	上述中有 3 个及 3 个以上数据测量错误						
			E	未答题						
3	记录	5	A	电阻、电容、二极管、三极管符号画法正确，三极管类型判断正确						
			B	上述中有 1 处画错						
			C	上述中有 2 处画错						
			D	上述中有 3 处及 3 处以上画错						
			E	未答题						
合计配分		25		合计得分						

等级	A（优）	B（良）	C（及格）	D（差）	E（未答题）
比值	1.0	0.8	0.6	0.2	0

"评价要素"得分＝配分×等级比值。

电器拆装与设备使用

一、发电机拆装（试题代码：2.2.1，考核时间：15 min）

1. 试题单

（1）操作条件

1）发电机 JF 系列 3 套。

2）拆装工具 3 套。

（2）操作内容

1）正确使用拆装工具。

2）按顺序正确分解、装配发电机并符合使用要求（不漏装、不错装、转动传动带轮能旋转、无碰擦）。

3）装配结束清洁并整理好工具。

（3）操作要求

1）正确使用工具。

2）拆装过程应符合规定。

3）拆装方法、流程正确。

4）做好清洁工作。

5）符合安全操作规程。

6）在 15 min 内完成。

2. 评分表

试题代码及名称			2.2.1 发电机拆装	考核时间			15 min		
评价要素	配分	等级	评分细则	评定等级					得分
				A	B	C	D	E	
1	正确使用拆装工具	5	A	工具使用正确，使用前清洁						
			B	使用过程中有 1 处不当						
			C	使用过程中有 2 处不当，未清洁						
			D	使用工具有安全隐患						
			E	未答题						
2	按顺序正确分解、装配发电机	15	A	分解、装配正确，步骤正确，熟练分解并装配发电机，不漏装、不错装。符合使用要求						
			B	上述中有 1 个分解、装配顺序错误和漏装错误，符合使用要求						
			C	上述中有 2 个分解、装配顺序错误和漏装错误，符合使用要求						
			D	上述中有 3 个分解、装配顺序错误和漏装错误，不符合使用要求						
			E	未答题						
3	装配结束清洁并整理好工具	5	A	装配结束后清洁并整理好工具						
			B	上述中有 1 处未整理						
			C	上述中有 2 处未整理，未清洁						
			D	上述中全部未整理，未清洁						
			E	未答题						
合计配分	25		合计得分						

等级	A（优）	B（良）	C（及格）	D（差）	E（未答题）
比值	1.0	0.8	0.6	0.2	0

"评价要素"得分＝配分×等级比值。

二、分电器拆装（试题代码：2.3.1，考核时间：15 min）

1. 试题单

（1）操作条件

1) 分电器 FD632，3 套。

2) 拆装工具 3 套。

(2) 操作内容

1) 正确使用拆装工具。

2) 按顺序正确分解、装配分电器并符合使用要求（不漏装、不错装、能转动、触点间隙标准）。

3) 装配结束清洁并整理好工具。

(3) 操作要求

1) 正确使用工具。

2) 拆装过程应符合规定。

3) 拆装方法、流程正确。

4) 做好清洁工作。

5) 符合安全操作规程。

6) 在 15 min 内完成。

2. 评分表

试题代码及名称				2.3.1 分电器拆装	考核时间			15 min		
评价要素	配分	等级	评分细则		评定等级					得分
					A	B	C	D	E	
1	正确使用拆装工具	5	A	工具使用正确，使用前清洁						
			B	使用过程中有 1 处不当						
			C	使用过程中有 2 处不当，未清洁						
			D	使用工具有安全隐患						
			E	未答题						
2	按顺序正确分解、装配分电器	15	A	分解、装配正确，步骤正确，并熟练分解、装配分电器，不漏装、不错装。符合使用要求						
			B	上述中有 1 个分解、装配顺序错误和漏装错误，符合使用要求						
			C	上述中有 2 个分解、装配顺序错误和漏装错误，符合使用要求						

续表

试题代码及名称			2.3.1 分电器拆装		考核时间			15 min	
评价要素	配分	等级	评分细则	\multicolumn{5}{c	}{评定等级}	得分
				A	B	C	D	E	
2	按顺序正确分解、装配分电器	15	D	上述中有3个分解、装配顺序错误和漏装错误，不符合使用要求						
			E	未答题					
3	装配结束清洁并整理好工具	5	A	装配结束后清洁并整理好工具					
			B	上述中有1处未整理					
			C	上述中有2处未整理，未清洁					
			D	上述中全部未整理，未清洁					
			E	未答题					
合计配分	25			合计得分					

等级	A（优）	B（良）	C（及格）	D（差）	E（未答题）
比值	1.0	0.8	0.6	0.2	0

"评价要素"得分＝配分×等级比值。

三、密度计、高率放电计、充电机使用及蓄电池充电（试题代码：2.4.1，考核时间：15 min）

1. 试题单

（1）操作条件

1）密度计（1.1～1.3 g/cm^3）2套。

2）高率放电计1个（汽车用）。

3）充电机1个。

4）蓄电池2个。

（2）操作内容

1）正确使用密度计。

2）正确使用充电机。

3）正确使用高率放电计。

(3) 操作要求

1) 正确使用工具、量具。

2) 检测过程应符合规定。

3) 检测方法、流程正确。

4) 做好清洁工作。

5) 符合安全操作规程。

6) 在 15 min 内完成。

2. 评分表

试题代码及名称		2.4.1 密度计、高率放电计、充电机使用及蓄电池充电			考核时间			15 min			
评价要素	配分	等级	评分细则		评定等级					得分
					A	B	C	D	E	
1	密度计的使用	10	A	密度计使用规范，检查电解液操作正确						
			B	使用过程中有1处不规范						
			C	使用过程中有2处不规范						
			D	密度计的使用有安全隐患、检查数据不正确						
			E	未答题						
2	充电机的使用	10	A	充电机使用正确、规范						
			B	上述中有1处不规范，符合使用要求						
			C	上述中有2处不规范，符合使用要求						
			D	充电机的使用有安全隐患，不符合使用要求						
			E	未答题						
3	高率放电计的使用	5	A	高率放电计使用正确、规范						
			B	上述中有1处不规范，符合使用要求						
			C	上述中有2处不规范，符合使用要求						
			D	高率放电计的使用有安全隐患，不符合使用要求						
			E	未答题						
合计配分		25		合计得分						

等级	A（优）	B（良）	C（及格）	D（差）	E（未答题）
比值	1.0	0.8	0.6	0.2	0

"评价要素"得分＝配分×等级比值。

识读线路图与线路连接

一、识读EQ1091型汽车起动系统电器线路图（试题代码：3.1.2，考核时间：15 min）

1. 试题单

（1）操作条件

汽车电器系统线路图（EQ1090E或1091型系统线路图）。

（2）操作内容

1）在系统电路图上指出起动系统的组成及电器名称。

2）叙述起动机的工作过程。

（3）操作要求

1）识读方法、流程正确。

2）做好清洁工作。

3）符合安全操作规程。

4）在15 min内完成。

2. 评分表

试题代码及名称		3.1.2	识读EQ1091型汽车起动系统电器线路图			考核时间	15 min				
评价要素		配分	等级	评分细则			评定等级				得分
							A	B	C	D	E	
1	在系统电路图上指出起动系统的组成及电器名称	10	A	指认电器名称熟练和准确							
			B	指认过程中有1处错误							
			C	指认过程中有2处错误							
			D	指认过程中有3处及3处以上错误或不能指认							
			E	未答题							
2	叙述起动机的工作过程	15	A	叙述起动系统工作过程熟练和准确							
			B	上述中有1处不规范							
			C	上述中有2处不规范							
			D	不能叙述起动系统的工作过程							
			E	未答题							
合计配分		25		合计得分							

等级	A（优）	B（良）	C（及格）	D（差）	E（未答题）
比值	1.0	0.8	0.6	0.2	0

"评价要素"得分＝配分×等级比值。

二、识读EQ1091型汽车点火系统电器线路图（试题代码：3.1.3，考核时间：15 min）

1. 试题单

（1）操作条件

汽车电器系统线路图（EQ1090E或1091型系统线路图）。

（2）操作内容

1) 在系统电路图上指出点火系统的组成及电器名称。

2) 叙述点火系统的工作过程。

（3）操作要求

1) 识读方法、流程正确。

2) 做好清洁工作。

3) 符合安全操作规程。

4) 在15min内完成。

2. 评分表

试题代码及名称			3.1.3 识读EQ1091型汽车点火系统电器线路图		考核时间			15 min		
评价要素	配分	等级	评分细则		评定等级					得分
					A	B	C	D	E	
1	在系统电路图上指出点火系统的组成及电器名称	10	A	指认电器名称熟练和准确						
			B	指认过程中有1处错误						
			C	指认过程中有2处错误						
			D	指认过程中有3处及3处以上错误或不能指认						
			E	未答题						
2	叙述点火系统的工作过程	15	A	叙述点火系统工作过程熟练和准确						
			B	上述中有1处不规范						
			C	上述中有2处不规范						
			D	不能叙述点火系统的工作过程						
			E	未答题						
合计配分		25		合计得分						

等级	A（优）	B（良）	C（及格）	D（差）	E（未答题）
比值	1.0	0.8	0.6	0.2	0

"评价要素"得分＝配分×等级比值。

三、识读 EQ1091 型汽车照明系统电器线路图（试题代码：3.1.4，考核时间：15 min）

1. 试题单

（1）操作条件

汽车电器系统线路图（EQ1090E 或 1091 型系统线路图）。

（2）操作内容

1）在系统电路图上指出照明系统的组成及电器名称。

2）叙述照明系统的工作过程。

（3）操作要求

1）识读方法、流程正确。

2）做好清洁工作。

3）符合安全操作规程。

4）在 15 min 内完成。

2. 评分表

试题代码及名称				3.1.4 识读 EQ1091 型汽车照明系统电器线路图	考核时间				15 min	
评价要素		配分	等级	评分细则	评定等级					得分
					A	B	C	D	E	
1	在系统电路图上指出照明系统的组成及电器名称	10	A	指认电器名称熟练和准确						
			B	指认过程中有 1 处错误						
			C	指认过程中有 2 处错误						
			D	指认过程中有 3 处及 3 处以上错误或不能指认						
			E	未答题						
2	叙述照明系统的工作过程	15	A	叙述照明系统工作过程熟练和准确						
			B	上述中有 1 处不规范						
			C	上述中有 2 处不规范						
			D	不能叙述照明系统的工作过程						
			E	未答题						
合计配分		25		合计得分						

等级	A（优）	B（良）	C（及格）	D（差）	E（未答题）
比值	1.0	0.8	0.6	0.2	0

"评价要素"得分＝配分×等级比值。

四、连接 EQ1090 型电源系线路（试题代码：3.2.1，考核时间：15 min）

1. 试题单

（1）操作条件

1）电器线路连接台 2 套。

2）配套工具 2 套。

（2）操作内容

1）线路连接整齐、规范。

2）合上电源开关，电源系统能正常工作。

3）正确叙述电源系统的连接过程。

4）考核结束后收放好连接导线。

（3）操作要求

1）连接方法、流程正确。

2）正确使用工具。

3）做好清洁工作。

4）符合安全操作规程。

5）在 15 min 内完成。

2. 评分表

试题代码及名称				3.2.1 连接 EQ1090 型电源系线路	考核时间			15 min	
评价要素	配分	等级	评分细则		评定等级				得分
					A	B	C	D	E	
1	线路连接、使用情况	10	A	熟练正确地连接电源系统电路，工作可靠						
			B	使用过程中有 1 处不规范						
			C	使用过程中有 2 处不规范						
			D	使用有安全隐患、不能正常工作的						
			E	未答题						

续表

试题代码及名称				3.2.1 连接EQ1090型电源系统线路	考核时间				15 min	
评价要素		配分	等级	评分细则	评定等级					得分
					A	B	C	D	E	
2	叙述电源系统的连接过程	10	A	正确叙述电源系统的连接过程						
			B	上述中有1处不规范，符合使用要求						
			C	上述中有2处不规范，符合使用要求						
			D	不能叙述电源系统的连接过程						
			E	未答题						
3	考核后的整理	5	A	考核结束后切断电源并放好导线						
			B	上述中有1处不规范，符合使用要求						
			C	上述中有2处不规范，符合使用要求						
			D	使用有安全隐患，不符合使用要求						
			E	未答题						
合计配分		25		合计得分						

等级	A（优）	B（良）	C（及格）	D（差）	E（未答题）
比值	1.0	0.8	0.6	0.2	0

"评价要素"得分＝配分×等级比值。

五、连接EQ1090型起动系线路（试题代码：3.2.2，考核时间：15 min）

1. 试题单

（1）操作条件

1）电器线路连接台2套。

2）配套工具2套。

（2）操作内容

1）线路连接整齐、规范。

2）合上电源开关，起动系统能正常工作。

3）正确叙述起动系统的连接过程。

4）考核结束后收放好连接导线。

(3) 操作要求

1）连接方法、流程正确。

2）正确使用工具。

3）做好清洁工作。

4）符合安全操作规程。

5）在 15 min 内完成。

2. 评分表

试题代码及名称				3.2.2 连接 EQ1090 型起动系线路	考核时间			15 min	
评价要素		配分	等级	评分细则	评定等级				得分
					A	B	C	D	E	
1	线路连接、使用情况	10	A	熟练正确地连接起动系电路，工作可靠						
			B	使用过程中有 1 处不规范						
			C	使用过程中有 2 处不规范						
			D	使用有安全隐患、不能正常工作的						
			E	未答题						
2	叙述起动系的连接过程	10	A	正确叙述起动系的连接过程						
			B	上述中有 1 处不规范，符合使用要求						
			C	上述中有 2 处不规范，符合使用要求						
			D	不能叙述起动系的连接过程						
			E	未答题						
3	考核后的整理	5	A	考核结束后切断电源并放好导线						
			B	上述中有 1 处不规范，符合使用要求						
			C	上述中有 2 处不规范，符合使用要求						
			D	使用有安全隐患，不符合使用要求						
			E	未答题						
合计配分		25		合计得分						

等级	A（优）	B（良）	C（及格）	D（差）	E（未答题）
比值	1.0	0.8	0.6	0.2	0

"评价要素"得分＝配分×等级比值。

六、连接 EQ1090 型点火系线路（试题代码：3.2.3，考核时间：15 min）

1. 试题单

（1）操作条件

1）电器线路连接台 2 套。

2）配套工具 2 套。

（2）操作内容

1）线路连接整齐、规范。

2）合上电源开关，点火系统能正常工作。

3）正确叙述点火系统的连接过程。

4）考核结束后收放好连接导线。

（3）操作要求

1）连接方法、流程正确。

2）正确使用工具。

3）做好清洁工作。

4）符合安全操作规程。

5）在 15 min 内完成。

2. 评分表

试题代码及名称			3.2.3 连接 EQ1090 型点火系线路		考核时间			15 min		
评价要素	配分	等级	评分细则		评定等级					得分
					A	B	C	D	E	
1	线路连接、使用情况	10	A	熟练正确地连接点火系电路，工作可靠						
			B	使用过程中有 1 处不规范						
			C	使用过程中有 2 处不规范						
			D	使用有安全隐患、不能正常工作的						
			E	未答题						
2	叙述点火系的连接过程	10	A	正确叙述点火系的连接过程						
			B	上述中有 1 处不规范，符合使用要求						
			C	上述中有 2 处不规范，符合使用要求						
			D	不能叙述点火系的连接过程						
			E	未答题						

续表

试题代码及名称			3.2.3 连接EQ1090型点火系线路						考核时间		15 min	
评价要素		配分	等级	评分细则			评定等级					得分
							A	B	C	D	E	
3	考核后的整理	5	A	考核结束后切断电源并放好导线								
			B	上述中有1处不规范，符合使用要求								
			C	上述中有2处不规范，符合使用要求								
			D	使用有安全隐患，不符合使用要求								
			E	未答题								
合计配分		25		合计得分								

等级	A（优）	B（良）	C（及格）	D（差）	E（未答题）
比值	1.0	0.8	0.6	0.2	0

"评价要素"得分＝配分×等级比值。

七、连接EQ1090型照明系线路（试题代码：3.2.4，考核时间：15 min）

1. 试题单

（1）操作条件

1）电器线路连接台2套。

2）配套工具2套。

（2）操作内容

1）线路连接整齐、规范。

2）合上电源开关，照明系统能正常工作。

3）正确叙述照明系统的连接过程。

4）考核结束后收放好连接导线。

（3）操作要求

1）连接方法、流程正确。

2）正确使用工具。

3）做好清洁工作。

4）符合安全操作规程。

5）在 15 min 内完成。

2. 评分表

试题代码及名称			3.2.4 连接 EQ1090 型照明系线路		考核时间				15 min	
评价要素		配分	等级	评分细则	评定等级					得分
					A	B	C	D	E	
1	线路连接、使用情况	10	A	熟练正确地连接照明系电路，工作可靠						
			B	使用过程中有 1 处不规范						
			C	使用过程中有 2 处不规范						
			D	使用有安全隐患、不能正常工作的						
			E	未答题						
2	叙述照明系的连接过程	10	A	正确叙述照明系的连接过程						
			B	上述中有 1 处不规范，符合使用要求						
			C	上述中有 2 处不规范，符合使用要求						
			D	不能叙述照明系的连接过程						
			E	未答题						
3	考核后的整理	5	A	考核结束后切断电源并放好导线						
			B	上述中有 1 处不规范，符合使用要求						
			C	上述中有 2 处不规范，符合使用要求						
			D	使用有安全隐患，不符合使用要求						
			E	未答题						
合计配分		25		合计得分						

等级	A（优）	B（良）	C（及格）	D（差）	E（未答题）
比值	1.0	0.8	0.6	0.2	0

"评价要素"得分＝配分×等级比值。

故障诊断排除与解体发电机检测

一、EQ1090 型起动系统故障诊断与排除（试题代码：4.2.1，考核时间：15 min）

1. 试题单

（1）操作条件

1) 台架发动机 EQ/CA1090 型 2 套。

2) 配套工具 2 套。

(2) 操作内容

1) 正确使用检修工具，不准有短路、断路等错误操作。

2) 按顺序逐一检查及判断故障的部位。

3) 根据诊断结果排除故障，起动系统应能正常工作。

(3) 操作要求

1) 正确使用工具。

2) 起动机使用应符合规定。

3) 诊断方法、流程正确。

4) 准确诊断故障的原因。

5) 排除故障应完全、彻底。

6) 符合安全操作规程。

7) 在 15 min 内完成。

2. 评分表

试题代码及名称				4.2.1 EQ1090 型起动系统故障诊断与排除	考核时间			15 min			
评价要素		配分	等级	评分细则	评定等级					得分
					A	B	C	D	E	
1	正确使用工具	5	A	正确使用检修工具，没有短路等错误操作						
			B	使用过程中有 1 处不规范						
			C	使用过程中有 2 处不规范						
			D	使用过程中有 3 处及 3 处以上不规范、有安全隐患、不能正常工作的						
			E	未答题						
2	按顺序检查	10	A	按顺序逐一检查及判断发生故障的部位						
			B	上述中有 1 处不规范，符合使用要求						
			C	上述中有 2 处不规范，符合使用要求						
			D	未能检查或判断故障部位						
			E	未答题						

续表

试题代码及名称			4.2.1　EQ1090型起动系统故障诊断与排除		考核时间			15 min	
评价要素	配分	等级	评分细则	评定等级					得分
				A	B	C	D	E	
3	故障排除	10	A	正确、熟练地排除故障,起动系统能正常工作					
			B	上述中有1处不规范,系统能正常工作					
			C	上述中有2处不规范,系统能正常工作					
			D	未排除故障,起动系统不能正常工作					
			E	未答题					
合计配分		25		合计得分					

等级	A（优）	B（良）	C（及格）	D（差）	E（未答题）
比值	1.0	0.8	0.6	0.2	0

"评价要素"得分＝配分×等级比值。

二、EQ1090型点火系故障诊断与排除（试题代码：4.3.1，考核时间：15 min)

1. 试题单

（1）操作条件

1) 台架发动机EQ/CA1090型2套。

2) 配套工具2套。

（2）操作内容

1) 正确使用检修工具,不准有短路、断路等错误操作。

2) 按顺序逐一检查及判断故障的部位。

3) 根据诊断结果排除故障,点火系统应能正常工作。

（3）操作要求

1) 正确使用工具。

2) 起动机使用应符合规定。

3) 诊断方法、流程正确。

4) 准确诊断故障的原因。

5) 排除故障应完全、彻底。

6) 符合安全操作规程。

7) 在 15 min 内完成。

2. 评分表

试题代码及名称			4.3.1 EQ1090型点火系故障诊断与排除		考核时间			15 min		
评价要素	配分	等级	评分细则		评定等级					得分
					A	B	C	D	E	
1	正确使用工具	5	A	正确使用检修工具,没有短路、断路等错误操作						
			B	使用过程中有1处不规范						
			C	使用过程中有2处不规范						
			D	使用过程中有3处及3处以上不规范、有安全隐患、不能正常工作的						
			E	未答题						
2	按顺序检查	10	A	按顺序逐一检查及判断发生故障的部位						
			B	上述中有1处不规范,符合使用要求						
			C	上述中有2处不规范,符合使用要求						
			D	未能检查或判断故障部位						
			E	未答题						
3	故障排除	10	A	正确、熟练地排除故障,点火系统能正常工作						
			B	上述中有1处不规范,系统能正常工作						
			C	上述中有2处不规范,系统能正常工作						
			D	未排除故障,点火系不能正常工作						
			E	未答题						
合计配分		25	合计得分							

等级	A(优)	B(良)	C(及格)	D(差)	E(未答题)
比值	1.0	0.8	0.6	0.2	0

"评价要素"得分=配分×等级比值。

三、解体发电机检测(试题代码:4.4.1,考核时间:15 min)

1. 试题单

(1) 操作条件

1) 解体交流发电机 JF 系列 2 套。

2) 配套工具、量具 2 套。

(2) 操作内容

1) 指出解体后发电机各大部件的名称。

2) 正确使用万用表检查转子绕组、定子绕组、整流二极管及别的部件技术状况。

3) 判断发电机的技术状况。

(3) 操作要求

1) 正确使用工具、量具。

2) 诊断方法、流程正确。

3) 准确判断发电机的技术状况。

4) 符合安全操作规程。

5) 在 15 min 内完成。

2. 评分表

试题代码及名称			4.4.1 解体发电机检测	考核时间		15 min			
评价要素	配分	等级	评分细则	评定等级					得分
				A	B	C	D	E	
1	指出解体后发电机各大部件的名称	5	A	熟练正确地指出解体后发电机各大部件的名称						
			B	使用过程中有 1 处不正确						
			C	使用过程中有 2 处不正确						
			D	使用过程中有 3 处及 3 处以上不正确和不能指出的						
			E	未答题						
2	正确使用万用表检查	10	A	正确使用万用表检查转子绕组、定子绕组、整流二极管及别的部件技术状况						
			B	上述中有 1 处不规范,符合使用要求						
			C	上述中有 2 处不规范,符合使用要求						
			D	上述中有 3 处及 3 处以上不规范,不能使用万用表检查的						
			E	未答题						

续表

试题代码及名称			4.4.1 解体发电机检测		考核时间		15 min	
评价要素	配分	等级	评分细则	评定等级				得分
				A	B	C	D	E
3	判断发电机的技术状况	10	A	正确判断发电机目前的技术状况					
			B	上述中有1处错误的					
			C	上述中有2处错误的					
			D	上述中有3处以上错误的,未能正确判断发电机的技术状况					
			E	未答题					
合计配分		25	合计得分					

等级	A（优）	B（良）	C（及格）	D（差）	E（未答题）
比值	1.0	0.8	0.6	0.2	0

"评价要素"得分＝配分×等级比值。

第5部分

理论知识考试模拟试卷及答案

汽车维修电工（五级）理论知识试卷

注 意 事 项

1. 考试时间：90 min。
2. 请首先按要求在试卷的标封处填写您的姓名、准考证号和所在单位的名称。
3. 请仔细阅读各种题目的回答要求，在规定的位置填写您的答案。
4. 不要在试卷上乱写乱画，不要在标封区填写无关的内容。

	一	二	总分
得分			

得分	
评分人	

一、判断题（第1题～第60题。将判断结果填入括号中。正确的填"√"，错误的填"×"。每题0.5分，满分30分）

1. 直齿内啮合圆柱齿轮机构传动平稳，适用于高速传动，但有轴向力。　　　　（　　）
2. 火花塞套筒是专门用来拆装火花塞的工具。　　　　　　　　　　　　　　　（　　）
3. 在三视图中，三个视图反映的都是同一个物体。　　　　　　　　　　　　　（　　）

4. 用一个剖切平面把机件完全剖开后所得的剖视图，称为全剖视图。（   ）
5. 电路中的电位差是由电流作用产生的。（   ）
6. 短路就是电源两端或电路中某处断开。（   ）
7. 电容器是由绝缘物质隔开的两个导体组成的。（   ）
8. 通常所说的 220 V 或 380 V 交流电压是指最大值。（   ）
9. 用来表征媒介质磁化性质的物理量叫磁通量。（   ）
10. 自感电动势的方向可用楞次定律判断。（   ）
11. 单相桥式全波整流电路在正半周时有 4 只二极管导通。（   ）
12. 在电路中稳压管的两端应加反向电压。（   ）
13. 集成电路是在一块极小的硅单晶片上，利用半导体工艺制作出许多晶体管、电容器等电子元件。（   ）
14. 测量电流时，电流表必须并联在被测量的电路中。（   ）
15. 电工绝缘材料主要是用来隔离带电的导体。（   ）
16. 柴油发动机由曲柄连杆机构、配气机构、燃料供给系、润滑系、冷却系、点火系和起动系组成。（   ）
17. 发动机点火系能保证发动机的正常工作温度。（   ）
18. 发动机按冷却方式分为水冷和风冷。（   ）
19. 配气机构是按照发动机各缸工作循环和工作次序的要求，来完成换气过程的。（   ）
20. 润滑系的功用之一为清洁。（   ）
21. 发动机润滑系所使用的机油泵多数为离心泵。（   ）
22. 传动系的基本功用是将发动机发出的功率传递给驱动轮。（   ）
23. 非独立悬架式驱动桥是刚性桥壳，大多用于载货汽车。（   ）
24. 蓄电池的隔板具有多孔性，并且化学性能稳定。（   ）
25. 国产起动型蓄电池正极板的颜色为深棕色。（   ）
26. 极板硫化的主要原因之一是长期充电不足。（   ）
27. 对新蓄电池或使用后的蓄电池进行第一次充电称为初充电。（   ）

28. 我国交流发电机为负极搭铁。（   ）
29. 汽车每行驶 50 000 km 才允许拆检交流发电机。（   ）
30. 汽车起动机是将电能转化为机械能的装置。（   ）
31. 上海桑塔纳汽车的起动机是单向滚柱式离合器。（   ）
32. 黄河汽车的起动机是摩擦片式单向离合器。（   ）
33. 现代汽车起动机基本上都是采用电磁操纵式起动开关。（   ）
34. 汽车起动时，将点火开关旋至起动挡。（   ）
35. 起动机齿轮与飞轮不能啮合的原因可能是开关闭合过早。（   ）
36. 传统点火系的作用是将蓄电池或发电机的低压电（12～14 V）变成高压电（1 700～3 000 V），再按发动机各汽缸的工作顺序与点火时间的要求，适时地、准确地点燃汽缸内的可燃混合气，使发动机工作。（   ）
37. 传统点火系中使用附加电阻，可以改善在低速时点火线圈过热的问题。（   ）
38. 传统点火系的点火提前角过小，会使发动机的功率下降，且爆燃严重。（   ）
39. 传统点火系中点火能量的大小，取决于次级电压和电流的乘积。（   ）
40. 分电器中的离心式调节器可以随发动机负荷大小而变化，从而可以调整点火提前角。（   ）
41. 火花塞击穿电压的数值只与火花塞两电极之间的距离以及汽缸内的压力有关。（   ）
42. 点火开关的"ST"挡位主要用于接通起动系电路。（   ）
43. 进气压力与最佳点火提前角的关系是进气压力减小，点火提前角增大。（   ）
44. 国产前照灯的反射镜目前大多采用真空镀铬。（   ）
45. 电容式闪烁器主要是由一个继电器和一个电容器组成。（   ）
46. 电子闪烁器可分为晶体管式和集成电路式两类。（   ）
47. 汽车组合式后灯有水平式和竖直式两种。（   ）
48. 电磁式机油压力表也称为双金属片油压表。（   ）
49. 电热式水温表的热敏电阻是负阻值热敏电阻。（   ）
50. 汽车常用的电动汽油泵有晶体管式和触点式。（   ）

51. 为保证汽车在雨天行驶时驾驶员有良好的视线,确保行车安全,汽车上都装有刮水器。（ ）

52. 线绕式电动刮水器是通过改变磁通来实现变速的。（ ）

53. 电动刮水器在低速工作时,刮水片每分钟来回摆动 27 次。（ ）

54. 在汽车上,闸刀式电源总开关一般用于控制蓄电池负极与接地电路的通断。（ ）

55. 一般电路都是由电源、负载、开关和连接导线四个基本部分组成的。（ ）

56. 汽车电路图中 R 代表黑色导线。（ ）

57. 汽车电路图可以完整表达电器设备外形和车上大致安装位置。（ ）

58. 汽车线束总成由导线、端子、插接器和护套组成。（ ）

59. 在汽车电路图中,电源到各电器熔断器或开关的线都是用电设备的公共火线,一般画在电路图的下部。（ ）

60. 解放 CA1091 型汽车采用 JF1552 型发电机。（ ）

得分	
评分人	

二、单项选择题（第 1 题～第 70 题。选择一个正确的答案,将相应的字母填入题内的括号中。每题 1 分,满分 70 分）

1. 物理学中把垂直作用在物体表面上的力叫做（ ）。
   A. 压力　　　　B. 压强　　　　C. 刚度　　　　D. 密度

2. 凸轮机构的缺点是（ ）。
   A. 有弹性滑动　　　　　　　　B. 惯性力不易平衡
   C. 不适用于高温场合　　　　　D. 凸轮轮廓加工比较困难

3. 千分尺的最小测量精度为（ ）mm。
   A. 0.001　　　　B. 0.01　　　　C. 0.1　　　　D. 1

4. 三视图反映了物体的形状,它们之间的关系是（ ）。
   A. 主俯长对正,主左高平齐,俯左宽相等
   B. 主俯长平齐,主左长对正,俯左宽相等
   C. 主俯宽相等,主左高平齐,俯左长对正

D. 主俯长对正，主左宽相等，俯左高平齐

5. 零件图上某一标注为 $\phi 30H7$，其中 H 表示（　　）。

　　A. 基孔制　　　　B. 基轴制　　　　C. 偏差　　　　D. 公差

6. 同一材料的导体电阻与（　　）成正比。

　　A. 截面积　　　　B. 弯曲度　　　　C. 密度　　　　D. 长度

7. 在一串联电路中，电阻 R_1 两端的电压降为 10 V，电阻 R_2 两端的电压降为 20 V，电阻 R_3 两端的电压降为 20 V，则串联电路的端电压为（　　）V。

　　A. 30　　　　　　B. 40　　　　　　C. 50　　　　　　D. 60

8. 有一电器，标称功率为 200 W，每天使用 1 h，一个月按 30 天计算，则消耗（　　）度电。

　　A. 0.6　　　　　B. 3　　　　　　　C. 6　　　　　　　D. 60

9. 反映电容器存储电荷能力的物理量称作电容量，用字母（　　）表示。

　　A. C　　　　　　B. J　　　　　　　C. W　　　　　　　D. V

10. 用来表示正弦交流电变化快慢的物理量是（　　）。

　　A. 最大值　　　　B. 周期　　　　　C. 瞬时值　　　　D. 初相

11. 汽车发电机和起动机的磁铁都是（　　）。

　　A. 电磁铁　　　　B. 天然磁铁　　　C. 永久磁铁　　　D. 铁

12. 通电导体在磁场中的运动方向是由（　　）判定的。

　　A. 右手螺旋定则　　　　　　　　　B. 右手定则
　　C. 左手定则　　　　　　　　　　　D. 楞次定律

13. 自感电动势的大小与电流的变化率成（　　）。

　　A. 正比　　　　　B. 反比　　　　　C. 不变　　　　　D. 零

14. N 型半导体是在纯净半导体中掺了少量（　　）等杂质形成的。

　　A. 砷　　　　　　B. 硅　　　　　　C. 硼　　　　　　D. 铅

15. 用硅材料制作的二极管死区电压在（　　）V 左右。

　　A. 0.3　　　　　B. 0.4　　　　　C. 0.7　　　　　D. 0.9

16. 单相半波整流电路负载电压的平均值为（　　）。

A. $0.45U_2$ B. $1.41U_2$ C. $3U_2$ D. $33U_2$

17. 构成晶体三极管的 PN 结有（　）个。
    A. 1   B. 2   C. 4   D. 6

18. 在汽车设备中有调速作用的是（　）。
    A. 晶闸管   B. 发光二极管   C. 稳压管   D. 二极管

19. L486 是汽车专用闪光器，它的闪烁频率为（　）次/min。
    A. 85   B. 120   C. 150   D. 170

20. 电流表一般分为（　）种。
    A. 1   B. 2   C. 4   D. 6

21. 模拟式万用表的主要性能指标基本上取决于（　）的性能。
    A. 面板   B. 表头   C. 表盘   D. 转换开关

22. 汽车常用电线、电缆的线芯常采用（　）。
    A. 铜   B. 铁   C. 塑料   D. 橡胶

23. 车辆识别代号 VIN 码，第一位 L 代表（　）。
    A. 亚洲   B. 欧洲   C. 非洲   D. 南美洲

24. 汽油发动机点燃混合气是用（　）。
    A. 电极   B. 电脉冲   C. 电火花   D. 电子喷射

25. 发动机可分为两大机构（　）大系统。
    A. 2   B. 5   C. 7   D. 9

26. 目前小型车辆大多采用（　）缸发动机。
    A. 2   B. 4   C. 6   D. 8

27. 四行程发动机在一个工作循环内，曲轴转（　）周。
    A. 1   B. 2   C. 3   D. 4

28. （　）的作用是使气门自动回位。
    A. 气门   B. 气门座   C. 气门导管   D. 气门弹簧

29. 起动发动机时所需可燃混合气是（　）。
    A. 标准的   B. 稀的   C. 极浓的   D. 较浓的

30. （　　）的功用是将汽油从油箱抽出。
    A. 汽油滤清器　　B. 汽油泵　　C. 汽油箱　　D. 化油器

31. 柴油机高压油泵中的调速器用来限制（　　）和稳定怠速，自动进行供油量调节。
    A. 低速　　B. 高速　　C. 最高转速　　D. 油压过高

32. 车用柴油发动机润滑系大都采用（　　）。
    A. 独立润滑　　B. 压力润滑　　C. 飞溅润滑　　D. 综合润滑

33. （　　）的作用是强制冷却水循环流动。
    A. 散热器　　B. 水泵　　C. 风扇　　D. 水管

34. 变速器直接挡的传动比一般（　　）。
    A. 大于1　　B. 小于1　　C. 等于1　　D. 随转速而定

35. 连接驱动轮与差速器的传动零件，并将差速器的扭矩和转速传递给驱动轮的是（　　）。
    A. 驱动桥　　B. 差速器壳　　C. 半轴　　D. 传动轴

36. 某一边的制动器拖滞会造成（　　）。
    A. 转向沉重　　B. 转向不稳　　C. 行驶跑偏　　D. 单边转向不足

37. 鼓式制动器分为（　　）驱动轮缸张开式和气压驱动凸轮张开式两大类。
    A. 液压　　B. 电力　　C. 机械　　D. 电子

38. 蓄电池中每个单体电池的标准电压为（　　）V。
    A. 1.7　　B. 2　　C. 2.4　　D. 2.7

39. 在每个单体电池中，负极板的数量与正极板数量相比（　　）。
    A. 少一片　　B. 少二片　　C. 多一片　　D. 多二片

40. 6-QW-100型蓄电池，其中QW表示（　　）。
    A. 起动用，湿荷少维护　　B. 起动用，免维护
    C. 干荷多维护，起动用　　D. 起动用，湿荷免维护

41. 蓄电池放电终了的标志之一是电解液密度降低到（　　）g/cm³。
    A. 2.2　　B. 1.8　　C. 1.1　　D. 0.5

42. 蓄电池过充电造成损坏的是（　　）。

A. 栅板　　　　　B. 电解液的浓度　　C. 隔板　　　　　D. 极板

43. 初配好的电解液，温度高达（　　）℃。
　　A. 20　　　　　B. 40　　　　　C. 80　　　　　D. 120

44. 补充电解液应加注至高出极板（　　）mm。
　　A. 1～2　　　　B. 3～5　　　　C. 7～10　　　　D. 10～15

45. 一般行驶1 000 km应对电解液液面进行检查，蓄电池电解液的液面应高出极板（　　）mm。
　　A. 5～10　　　B. 10～15　　　C. 15～20　　　D. 20～25

46. 发电机励磁绕组安装在（　　）上。
　　A. 电枢　　　　B. 爪极　　　　C. 磁轭　　　　D. 滑环

47. 交流发电机整流二极管加正向电压时，二极管（　　）。
　　A. 导通　　　　B. 截止　　　　C. 不能确定　　　D. 击穿

48. 将交流发电机产生的交流电转变为直流电的装置为（　　）。
　　A. 限流器　　　B. 整流器　　　C. 断流器　　　D. 调节器

49. 交流发电机充电电流不稳定可能导致的事故是（　　）。
　　A. 二极管损坏　　　　　　　　B. 转子绕组短路
　　C. 调节器触点烧蚀　　　　　　D. 传动带过松

50. 汽车用起动机由直流串励式电动机、（　　）和控制装置构成。
　　A. 连杆机构　　B. 齿轮机构　　C. 传动机构　　D. 蜗杆机构

51. 汽车起动机型号电压等级1表示（　　）V。
　　A. 12　　　　　B. 24　　　　　C. 36　　　　　D. 48

52. 起动机控制装置的作用是切断或接通起动机和（　　）之间的电路。
　　A. 发电机　　　B. 附加电阻　　C. 蓄电池　　　D. 继电器

53. 下列（　　）车使用摩擦片式单向离合器。
　　A. 奥迪　　　　B. 黄河　　　　C. 东风　　　　D. 五十铃

54. ST614型汽车起动机的（　　）与电枢绕组串联（主电路未接通时）。
　　A. 励磁绕组　　B. 电刷　　　　C. 换向器　　　D. 吸引线圈

55. 汽车起动时,将点火开关旋至( )。
    A. 通电挡   B. 电源挡   C. 点火挡   D. 起动挡
56. 传统点火系的作用是将蓄电池或发电机的低压电(12~14 V)变成高压电( )kV。
    A. 1~3   B. 17~30   C. 45~60   D. 80~100
57. 1886年,第一辆汽车使用的是( )点火系。
    A. 磁电机   B. 蓄电池   C. 晶体管   D. 电子
58. 汽车传统点火系低压电路为:蓄电池—点火开关—( )一次绕组—断电器触点—接地。
    A. 继电器   B. 点火线圈   C. 蓄电池   D. 电容器
59. 发动机处于起动或怠速状态时,传统点火系的最佳点火提前角将( )。
    A. 不提前或减小   B. 增大
    C. 不提前或增大   D. 减小
60. 传统点火系一次绕组(初级)电路中附加电阻的阻值,随温度( )而电阻变大。
    A. 上升   B. 变化   C. 下降   D. 其他
61. 凸轮和分电器小轴连接处,在凸轮的凹顶中有毡芯,二级维护时在毡芯中加( )滴机油。
    A. 1~2   B. 4~5   C. 6~7   D. 8~9
62. 用来定量描述磁场中各点的强弱和方向的物理量叫做( )。
    A. 磁场强度   B. 磁感应强度   C. 磁通量   D. 磁导率
63. 汽车在夜间行驶时,前照灯能照亮车前( )m以上道路和物体,确保行车安全。
    A. 20   B. 35   C. 100   D. 150
64. 闪烁器的种类较多,常用的有( )、热丝式、电容式和晶体管式等多种。
    A. 翼片式   B. 半封闭式   C. 全封闭式   D. 组合式
65. 汽车仪表板上的电流表主要是用于( )。

A. 指示发电机输出电流 B. 指示起动时的电流大小
C. 指示蓄电池充、放电电流大小 D. 指示蓄电池放电电流的大小

66. 里程表由（　）和计数轮组成。
　　A. 齿轮机构　　　　　　　　　B. 蜗轮蜗杆机构
　　C. 齿轮、蜗杆机构　　　　　　D. 行星齿轮机构

67. 个别仪表不工作往往是由仪表、（　）或对应线路断路、短路等引起的。
　　A. 熔丝　　B. 传感器故障　　C. 稳压器电源　　D. 仪表电源线路接地

68. 晶体管式电动汽油泵主要由机械油泵和（　）组成。
　　A. 晶体管开关电路　　　　　　B. 控制电路
　　C. 卸压阀　　　　　　　　　　D. 阀门

69. （　）是指控制器件合上后连通的电路，也称闭合电路。
　　A. 通路　　B. 开路　　C. 断路　　D. 短路

70. 解放 CA1091 型汽车点火系统的高压电路由点火线圈二次绕组、配电器、高压线、（　）等组成。
　　A. 开关　　B. 继电器　　C. 火花塞　　D. 接地线

汽车维修电工（五级）理论知识试卷答案

一、判断题

1. × 2. √ 3. √ 4. √ 5. × 6. × 7. √ 8. × 9. ×
10. √ 11. × 12. √ 13. √ 14. × 15. √ 16. × 17. × 18. √
19. √ 20. √ 21. × 22. √ 23. √ 24. √ 25. √ 26. √ 27. √
28. √ 29. × 30. √ 31. √ 32. √ 33. √ 34. √ 35. √ 36. ×
37. √ 38. × 39. × 40. × 41. × 42. √ 43. √ 44. × 45. √
46. √ 47. √ 48. × 49. × 50. √ 51. √ 52. √ 53. √ 54. √
55. √ 56. × 57. × 58. √ 59. × 60. √

二、单项选择题

1. A 2. D 3. B 4. A 5. A 6. D 7. C 8. C 9. A
10. B 11. A 12. C 13. A 14. A 15. C 16. A 17. B 18. A
19. A 20. B 21. B 22. A 23. A 24. C 25. B 26. B 27. B
28. D 29. C 30. B 31. C 32. D 33. B 34. C 35. C 36. C
37. A 38. B 39. C 40. B 41. C 42. D 43. C 44. D 45. B
46. C 47. A 48. B 49. D 50. C 51. A 52. C 53. B 54. D
55. D 56. B 57. A 58. B 59. A 60. A 61. A 62. B 63. C
64. A 65. C 66. B 67. B 68. A 69. A 70. C

第 6 部分

操作技能考核模拟试卷

注 意 事 项

1. 考生根据操作技能考核通知单中所列的试题做好考核准备。
2. 请考生仔细阅读试题单中的具体考核内容和要求，并按要求完成操作或进行笔答或口答，若有笔答请考生在答题卷上完成。
3. 操作技能考核时要遵守考场纪律，服从考场管理人员指挥，以保证考核安全顺利进行。

注：操作技能鉴定试题评分表及答案是考评员对考生考核过程及考核结果的评分记录表，也是评分依据。

国家职业资格鉴定

汽车维修电工（五级）操作技能考核通知单

姓名：

准考证号：

考核日期：

试题 1

试题代码：1.1.1。

试题名称：指针式万用表的使用。

考核时间：15 min。

配分：25 分。

试题 2

试题代码：2.1.1。

试题名称：起动机拆装。

考核时间：15 min。

配分：25 分。

试题 3

试题代码：3.1.1。

试题名称：识读 EQ1091 型电源、起动、点火、照明系统线路图。

考核时间：15 min。

配分：25 分。

试题 4

试题代码：4.1.1。

试题名称：EQ/CA1090 型电源系统故障诊断与排除。

考核时间：15 min。

配分：25 分。

汽车维修电工（五级）操作技能鉴定
试 题 单

试题代码：1.1.1。

试题名称：指针式万用表的使用。

考核时间：15 min。

1. 操作条件

（1）万用表 MF-30 或 MF-40 型，4 套。

（2）电阻、电容、二极管、三极管、车用二极管各 10 个。

（3）学生用交流电源（2 V、4 V、6 V）1 个。

（4）可调直流稳压电源 1 个。

2. 操作内容

（1）正确对万用表进行检查。

（2）正确选择测量挡位。

（3）正确进行测量。

（4）正确判断。

（5）正确结束测量。

3. 操作要求

（1）正确使用工具。

（2）万用表使用应符合规定。

（3）测量方法、流程正确。

（4）准确记录数值。

（5）符合安全操作规程。

（6）在 15 min 内完成。

汽车维修电工（五级）操作技能鉴定

试题评分表及答案

考生姓名：   **准考证号：**

试题代码及名称			1.1.1 指针式万用表的使用		考核时间			15 min
评价要素	配分	等级	评分细则	评定等级				得分
				A	B	C	D	E	
1　万用表使用	5	A	能正确校零。会选择挡位和测量量程。操作过程中方法正确，接触良好						
		B	使用过程中有1处错误						
		C	使用过程中有2处错误						
		D	不会使用万用表						
		E	未答题						
2　测量	15	A	测量方法比较正确，电阻、电容、二极管、三极管测量数据正确，放大倍数计算正确						
		B	上述中有1个数据测量错误						
		C	上述中有2个数据测量错误						
		D	上述中有3个及3个以上数据测量错误						
		E	未答题						
3　记录	5	A	电阻、电容、二极管、三极管符号画法正确，三极管类型判断正确						
		B	上述中有1处画错						
		C	上述中有2处画错						
		D	上述中有3处及3处以上画错						
		E	未答题						
合计配分	25		合计得分						

考评员（签名）：

等级	A（优）	B（良）	C（及格）	D（差）	E（未答题）
比值	1.0	0.8	0.6	0.2	0

"评价要素"得分＝配分×等级比值。

标准方法如下：

1. 用欧姆调零法检查电池电压。

2. 电阻的测量

(1) 根据欧姆中心值选择量程并调零，进行测量。

(2) 测量中手不得与表笔棒相接触，转换量程时必须断开被测元件。

(3) 写出测量值并画出电阻的图形符号。

3. 电解电容器的测量

(1) 根据电容器的极性符号正确进行测量。

(2) 根据指针摆动情况判断电容器的质量。

(3) 画出图形符号并标明极性。

4. 车用整流二极管的测量

(1) 进行欧姆调零。

(2) 测量量程应为 $R \times 1$ 挡或 $R \times 10$ 挡和 $R \times 1k$ 挡。

(3) 写出测量值并画出二极管的图形符号。

5. PNP 或 NPN 型三极管的测量

(1) 测量小功率三极管量程应为 $R \times 100$ 或 $R \times 1k$ 挡。

(2) 画出三极管的图形符号并标明类型。

(3) 画出三极管的外形图。

汽车维修电工（五级）操作技能鉴定

试 题 单

试题代码：2.1.1。

试题名称：起动机拆装。

考核时间：15 min。

1. 操作条件

（1）起动机 QD1211，3 套。

（2）拆装工具 3 套。

2. 操作内容

（1）正确使用拆装工具。

（2）按顺序正确分解、装配起动机并符合使用要求（不漏装，不错装，拨动转子、驱动齿轮能旋转及伸出）。

（3）装配结束清洁并整理好工具。

3. 操作要求

（1）正确使用工具。

（2）拆装过程应符合规定。

（3）拆装方法、流程正确。

（4）做好清洁工作。

（5）符合安全操作规程。

（6）在 15 min 内完成。

汽车维修电工（五级）操作技能鉴定

试题评分表及答案

考生姓名：　　　　　　　　准考证号：

试题代码及名称			2.1.1　起动机拆装		考核时间				15 min	
评价要素	配分	等级	评分细则		评定等级					得分
					A	B	C	D	E	
1	正确使用拆装工具	5	A	工具使用正确，使用前清洁						
			B	使用过程中有1处不当						
			C	使用过程中有2处不当，未清洁						
			D	使用工具有安全隐患						
			E	未答题						
2	按顺序正确分解、装配起动机	15	A	分解、装配正确，按顺序正确、熟练分解并装配起动机，不漏装、不错装。符合使用要求						
			B	上述中有1个分解、装配顺序错误和漏装错误，符合使用要求						
			C	上述中有2个分解、装配顺序错误和漏装错误，符合使用要求						
			D	上述中有3个及3个以上分解、装配顺序错误和漏装错误，不符合使用要求						
			E	未答题						
3	装配结束清洁并整理好工具	5	A	装配结束后清洁并整理好工具						
			B	上述中有1处未整理						
			C	上述中有2处未整理，未清洁						
			D	上述中全部未整理，未清洁						
			E	未答题						
合计配分		25		合计得分						

考评员（签名）：

等级	A（优）	B（良）	C（及格）	D（差）	E（未答题）
比值	1.0	0.8	0.6	0.2	0

"评价要素"得分＝配分×等级比值。

标准方法如下：

1. 工具使用正确。

2. 分解、装配正确。按顺序正确、熟练分解并装配起动机，不漏装、不错装。

3. 符合使用要求。拨动转子、驱动齿轮能旋转及伸出。

4. 装配结束后清洁并整理好工具。

汽车维修电工（五级）操作技能鉴定

试 题 单

试题代码：3.1.1。

试题名称：识读 EQ1091 型电源、起动、点火、照明系统线路图。

考核时间：15 min。

1. 操作条件

汽车电器系统总线路图（EQ1090E 或 1091 型系统线路图）。

2. 操作内容

（1）在系统电路图上指出电源系统的组成及电器名称。

（2）叙述交流发电机的工作过程。

3. 操作要求

（1）识读方法、流程正确。

（2）做好清洁工作。

（3）符合安全操作规程。

（4）在 15 min 内完成。

汽车维修电工（五级）操作技能鉴定

试题评分表及答案

考生姓名：　　　　　　　　**准考证号：**

试题代码及名称		3.1.1 识读 EQ1091 型电源、起动、点火、照明系统线路图			考核时间			15 min	
评价要素	配分	等级	评分细则		评定等级				得分
				A	B	C	D	E	
1　在系统电路图上指出电源系统的组成及电器名称	10	A	指认电器名称熟练和准确						
		B	指认过程中有 1 处错误						
		C	指认过程中有 2 处错误						
		D	指认过程中有 3 处及 3 处以上错误或不能指认						
		E	未答题						
2　叙述交流发电机的工作过程	15	A	叙述电源系统工作过程熟练和准确						
		B	上述中有 1 处不规范						
		C	上述中有 2 处不规范						
		D	不能叙述电源系统的工作过程						
		E	未答题						
合计配分	25		合计得分						

考评员（签名）：

等级	A（优）	B（良）	C（及格）	D（差）	E（未答题）
比值	1.0	0.8	0.6	0.2	0

"评价要素"得分＝配分×等级比值。

标准方法如下：

1. 在图上指出电源系统的组成和电器名称。电源系统由蓄电池、电源总开关、电流表、点火开关、电压调节器、交流发电机等组成。

2. 叙述交流发电机的工作过程

(1) 励磁回路。蓄电池正极—电流表—点火开关—电压调节器—发电机—电刷—励磁绕组—电刷—接地—电源总开关—蓄电池负极。

(2) 充电回路。发电机定子绕组—正向二极管—电枢螺钉—电流表—蓄电池—电源总开关—接地—发电机外壳—反向二极管—发电机定子绕组。

汽车维修电工（五级）操作技能鉴定

试 题 单

试题代码：4.1.1。

试题名称：EQ/CA1090 型电源系统故障诊断与排除。

考核时间：15 min。

1. 操作条件

（1）台架发动机 EQ/CA1090 型 2 套。

（2）配套工具 2 套。

2. 操作内容

（1）正确使用检修工具，不准有短路、断路等错误操作。

（2）按顺序逐一检查及判断故障的部位。

（3）正确叙述照明系统的连接过程。

（4）根据诊断结果排除故障，电源系统应能正常工作。

3. 操作要求

（1）正确使用工具。

（2）起动机使用应符合规定。

（3）诊断方法、流程正确。

（4）准确诊断故障的原因。

（5）排除故障应完全、彻底。

（6）符合安全操作规程。

（7）在 15 min 内完成。

汽车维修电工（五级）操作技能鉴定

试题评分表及答案

考生姓名：　　　　　　　　　准考证号：

试题代码及名称		4.1.1　EQ/CA1090 型电源系统故障诊断与排除		考核时间	15 min				
评价要素	配分	等级	评分细则	评定等级					得分
				A	B	C	D	E	
1　正确使用工具	5	A	正确使用检修工具，没有短路、断路等错误操作						
		B	使用过程中有 1 处不规范						
		C	使用过程中有 2 处不规范						
		D	使用过程中有 3 处及 3 处以上不规范、有安全隐患、不能正常工作的						
		E	未答题						
2　按顺序检查	10	A	按顺序逐一检查及判断发生故障的部位						
		B	上述中有 1 处不规范，符合使用要求						
		C	上述中有 2 处不规范，符合使用要求						
		D	未能检查或判断故障部位						
		E	未答题						
3　故障排除	10	A	正确、熟练地排除故障，电源系统能正常工作						
		B	上述中有 1 处不规范，系统能正常工作						
		C	上述中有 2 处不规范，系统能正常工作						
		D	未排除故障，电源系统不能正常工作						
		E	未答题						
合计配分	25		合计得分						

考评员（签名）：

等级	A（优）	B（良）	C（及格）	D（差）	E（未答题）
比值	1.0	0.8	0.6	0.2	0

"评价要素"得分＝配分×等级比值。

标准方法如下：

1. 正确使用检修工具，没有短路等错误操作。

2. 按顺序逐一检查及判断发生故障的部位。

3. 正确、熟练地排除故障，电源系统能正常工作。